Sous Vide
Il Gusto della Perfezione

Marco Bianchi

Sommario

Tortilla Di Manzo Macinato 10
Frittata Vegetariana Leggera 12
Panino con avocado e uova 14
Uova del diavolo 16
Uova sode 18
uova in salamoia 19
Uova morbide e al peperoncino 21
Uova alla Benedict 22
Uovo strapazzato con aneto e curcuma 23
uova in camicia 24
Uova al bacon 25
Uova Di Pomodorini 26
Pastrami strapazzato 27
Shakshuka al pomodoro 28
Tortilla Di Spinaci 29
Frittata di rucola e prosciutto 30
Frittata con erba cipollina e zenzero 31
Bastoncini di pollo all'italiana 32
Bocconcini di pollo alla ciliegia 34
Toast alla cannella e cachi 36
Ali di pollo allo zenzero 38
Empanadas di carne 40
Cavoli ripieni 42

Pannini Di Salsiccia Italiana Alle Erbe 44
Carciofi Al Limone E Aglio 46
Crocchette di tuorlo Panko 47
Hummus del Cile 48
Bacchette di senape 50
Tonde di Melanzane con Pistacchi 51
Salsa di piselli verdi 53
patatine fritte 54
Insalata di tacchino con cetriolo 55
palline di zenzero 57
Palline di morso di merluzzo 58
Carotine glassate 60
ali di pollo calde 61
Muffin Cipolla E Pancetta 62
Cozze al vino bianco 64
Pannocchie di mais Tamari 65
Capesante con Pancetta 66
Antipasto di gamberi 67
Crema di fegatini di pollo 68
Verdure Di Zucca Con Zenzero 70
code di aragosta 71
Tofu al barbecue 72
Toast francese gustoso 73
Anatra dolce e piccante 74
Rabarbaro sottaceto sottovuoto 76
polpette di tacchino 77
Cosce Dolci Con Pomodori Secchi 78

Pollo Adobo	79
Chorizo fruttato "Cómeme"	80
Pollo e Funghi al Marsala	81
Albicocche alla vaniglia con whisky	83
Hummus speziato facile	84
Bacchette di lime Kaffir	86
Purè di Patate al Latte con Rosmarino	87
Spiedini di tofu dolce con verdure	88
Filetti Di Pollo Di Digione	90
Peperoni Ripieni Di Carote E Noci	91
Anatra all'arancia con paprika e timo	93
Coscia di tacchino avvolta nella pancetta	94
Mix di asparagi e dragoncello	96
Bistecche di cavolfiore piccanti	98
Strisce di patate alla cayenna con salsa alla maionese	100
Anatra burrosa e dolce	102
igname al burro	103
Quiche di spinaci e funghi	104
Mais al burro messicano	106
Pere Con Formaggio E Noci	108
Purea di broccoli e formaggio blu	109
Zucchine al curry	110
Patate dolci al forno con noci	111
Barbabietole marinate piccanti	112
Mais Al Burro Piccante	113
Polpa di granchio con salsa al burro e lime	114
Salmone veloce alla Nord	115

Gustosa Trota con Senape e Salsa Tamari 116
Tonno al sesamo con salsa allo zenzero 117
Involtini di granchio all'aglio e limone divini 120
Polpo speziato carbonizzato con salsa al limone 122
Spiedini Di Gamberetti Creoli 124
Gamberetti Con Salsa Piccante 126
Halibut con scalogno e dragoncello 128
Merluzzo al limone e burro alle erbe 130
Cernia con Beurre Nantais 132
scaglie di tonno 134
Capesante al burro 136
Sardine alla menta 137
Orata al Vino Bianco 138
Insalata di salmone e cavolo riccio con avocado 139
Salmone allo zenzero 141
Cozze in succo di lime fresco 143
Tranci di tonno marinati alle erbe 144
Empanadas di carne di granchio 146
Fonderie di peperoncino 148
Filetti Di Pesce Gatto Marinati 150
Gamberi con Prezzemolo e Limone 152
Halibut sottovuoto 153
Suola al burro e limone 155
Spezzatino di merluzzo al basilico 157
tilapia facile 158
Salmone Con Asparagi 159
Sgombro al curry 160

Calamari al rosmarino 161
Gamberetti Fritti Al Limone 162
Grigliata di polpo 163
Filetti di salmone selvatico 165
stufato di tilapia 166
Cardiole burrose con grani di pepe 168
Trota al coriandolo 170
Anelli di calamaro 171
Insalata di avocado e gamberetti con peperoncino 172
Dentice al burro con salsa allo zafferano e agli agrumi 174
Filetto di merluzzo in crosta di sesamo 176
Salmone cremoso con salsa di spinaci e senape 178
Capesante con paprika e insalata fresca 180
Capesante piccanti al mango 182
Porri e gamberi con vinaigrette alla senape 184
Zuppa di gamberi e cocco 186
Salmone al miele con noodles di Soba 188
Aragosta gourmet con maionese 190
Cocktail di gamberetti per feste 192
Salmone alle erbe aromatiche al limone 194
Code di aragosta gustose e burrose 196
Salmone tailandese con cavolfiore e pasta all'uovo 197
Spigola Leggera All'Aneto 199
Gamberetti saltati in padella con peperoncino dolce 200
Gamberetti tailandesi fruttati 202
Piatto di gamberetti al limone in stile Dublino 204
Capesante succose con salsa di peperoncino e aglio 206

Gamberi al curry con noodles 208
Gustoso Baccalà Cremoso con Prezzemolo 209
Pentola di Rillettes francesi con salmone 211
Salvia Salvia con purè di patate e cocco 212
Ciotola di polipetti all'aneto 214
Salmone Salato In Salsa Olandese 215

Tortilla Di Manzo Macinato

Preparazione + cottura: 35 minuti | Porzioni: 3

Ingredienti:

1 tazza di carne macinata magra
¼ tazza di cipolle tritate finemente
¼ cucchiaino di timo secco, macinato
½ cucchiaino di origano secco, macinato
Sale e pepe nero a piacere
1 cucchiaio di olio d'oliva

Indirizzi:

Preriscaldare l'olio in una padella a fuoco medio. Aggiungere le cipolle e farle rosolare per circa 3-4 minuti o fino a quando diventano traslucide. Aggiungere la carne macinata e cuocere per 5 minuti, mescolando di tanto in tanto. Cospargere con un po' di sale, pepe, timo e origano. Mescolare bene e cuocere per un altro minuto. Togliere dal fuoco e mettere da parte.

Preparare un bagnomaria e mettervi il sottovuoto. Impostare a 170 F. Sbattere le uova in una ciotola media e versarle in un sacchetto richiudibile sottovuoto. Aggiungi la miscela di carne macinata. Rilasciare l'aria utilizzando il metodo dello spostamento dell'acqua e sigillare il sacchetto.

Immergere la borsa nel bagnomaria e impostare il timer per 15 minuti. Utilizzando un guanto, massaggiare il sacchetto ogni 5 minuti per garantire una cottura uniforme. Una volta fermato il timer, togliere il sacchetto dal bagnomaria e trasferire la tortilla su un piatto da portata.

Frittata Vegetariana Leggera

Preparazione + cottura: 1 ora e 40 minuti | Porzioni: 5

ingredienti

1 cucchiaio di olio d'oliva
1 cipolla media tritata
Sale a piacere
4 spicchi d'aglio, tritati
1 daikon, sbucciato e tagliato a cubetti
2 carote, sbucciate e tagliate a cubetti
1 pastinaca, sbucciata e tagliata a dadini
1 tazza di zucca, sbucciata e tagliata a cubetti
6 once di funghi ostrica, tritati
¼ di tazza di foglie di prezzemolo, appena tritate
Un pizzico di scaglie di peperoncino
5 uova grandi
¼ tazza di latte intero

Indirizzi

Preparare un bagnomaria e mettervi il sottovuoto. Impostare a 175 F. Ungere alcuni vasetti con olio. Accantonare.

Scaldare una padella a fuoco alto con olio. Aggiungere il sudore della cipolla per 5 minuti. Aggiungere l'aglio e cuocere per 30 secondi. Condire con sale. Unisci carote, daikon, zucca e pastinaca. Aggiustare di sale e cuocere altri 10 minuti. Aggiungete i funghi e condite con scaglie di pepe e prezzemolo. Cuocere per 5 minuti.

In una ciotola sbattiamo le uova ed il latte. Condire con sale. Separare il composto tra i vasetti con le verdure. Sigillare e immergere i vasetti a bagnomaria. Cuocere per 60 minuti. Una volta fermato il timer, rimuovere i barattoli. Lasciare raffreddare e servire.

Panino con avocado e uova

Preparazione + cottura: 70 minuti | Porzioni: 4

Ingredienti:

8 fette di pane

4 uova

1 avocado

1 cucchiaino di paprica

4 cucchiaini di salsa olandese

1 cucchiaio di prezzemolo tritato

Sale e pepe nero a piacere

Indirizzi:

Preparare un bagnomaria e mettervi il sottovuoto. Impostato su 145 F. Raccogli la polpa dell'avocado e schiacciala. Aggiungi salsa e spezie. Metti le uova in un sacchetto sottovuoto. Rilasciare l'aria con il metodo dello spostamento dell'acqua, sigillare e immergere la busta in un bagno d'acqua. Imposta il timer per 1 ora.

Una volta pronto, mettetelo immediatamente in un bagno di ghiaccio a raffreddare. Sbucciare e tagliare le uova a fettine. Distribuire metà delle fette di uovo con la purea di avocado e ricoprire con le fette di uovo. Ricoprire con le restanti fette di pane.

Uova del diavolo

Preparazione + cottura: 75 minuti | Porzioni: 6

Ingredienti:

6 uova

Succo di 1 limone

2 cucchiai di prezzemolo tritato

1 pomodoro, tritato

2 cucchiai di olive nere tritate

1 cucchiaio di yogurt

1 cucchiaio di olio d'oliva

1 cucchiaino di senape

1 cucchiaino di peperoncino in polvere

Indirizzi:

Preparare un bagnomaria e mettervi il sottovuoto. Impostare a 170 F. Mettere le uova in un sacchetto sigillabile sottovuoto. Rilasciare l'aria con il metodo dello spostamento dell'acqua, sigillare e immergere la busta in un bagno d'acqua. Imposta il timer per 1 ora.

Una volta pronto, togliere la busta e metterlo in un bagno di ghiaccio per raffreddarlo e sbucciarlo. Tagliatela a metà ed eliminate i tuorli. Aggiungete i restanti ingredienti ai tuorli e mescolate per amalgamare. Riempire le uova con il composto.

Uova sode

Preparazione + tempo di cottura: 1 ora e 10 minuti | Porzioni: 3

Ingredienti:

3 uova grandi
Bagno di ghiaccio

Indirizzi:

Fai un bagnomaria, mettici dentro Sous Vide e impostalo a 165 F. Metti le uova nel bagnomaria e imposta il timer per 1 ora.

Una volta che il timer si è fermato, trasferisci le uova in un bagno di ghiaccio. Sbucciare le uova. Servire come sandwich o nelle insalate.

uova in salamoia

Preparazione + tempo di cottura: 2 ore e 10 minuti | Porzioni: 6

Ingredienti:

6 uova

1 cucchiaio di pepe in grani

Succo da una lattina di barbabietole

1 tazza di aceto

½ cucchiaio di sale

2 spicchi d'aglio

1 foglia di alloro

¼ tazza) di zucchero

Indirizzi:

Preparare un bagnomaria e inserirvi il sottovuoto. Impostare a 170 F. Abbassare con attenzione le uova nell'acqua e cuocere per 1 ora. Usando una schiumarola, trasferiscili in una grande ciotola piena di acqua ghiacciata e lasciali raffreddare per un paio di minuti. Sbucciare e riporre in un barattolo da 1 litro con coperchio a cerniera.

In una piccola ciotola unire gli ingredienti rimanenti. Versarvi sopra le uova, sigillare e immergere nella bagna. Cuocere per 1 ora. Rimuovere il barattolo dal bagnomaria e lasciarlo raffreddare a temperatura ambiente.

Uova morbide e al peperoncino

Preparazione + cottura: 60 minuti | Porzioni: 5

Ingredienti:

1 cucchiaio di peperoncino in polvere

5 uova

Sale e pepe nero a piacere

Indirizzi:

Preparare un bagnomaria e inserirvi il sottovuoto. Impostare a 147 F. Mettere le uova in un sacchetto sigillabile sottovuoto. Rilasciare l'aria con il metodo dello spostamento dell'acqua, sigillare e immergere nel bagno. Cuocere per 50 minuti.

Una volta che il timer si è fermato, togli la busta e mettili in un bagno di ghiaccio per raffreddarli e sbucciarli. Cospargete le uova con le spezie e servite.

Uova alla Benedict

Preparazione + cottura: 70 minuti | Porzioni: 4

Ingredienti:

4 uova

3 once di pancetta, affettata

5 cucchiai di salsa olandese

4 muffin biscottati

Sale e pepe nero a piacere

Indirizzi:

Preparare un bagnomaria e mettervi il sottovuoto. Impostare a 150 F. Mettere le uova in un sacchetto sigillabile sottovuoto. Rilasciare l'aria con il metodo dello spostamento dell'acqua, sigillare e immergere la busta nel bagnomaria. Imposta il timer per 1 ora.

Una volta fermato il timer, rimuovere il sacchetto e separarlo. Sgusciare le uova e disporle sopra i muffin. Irrorare con la salsa e cospargere di sale e pepe. Completare con la pancetta.

Uovo strapazzato con aneto e curcuma

Preparazione + cottura: 35 minuti | Porzioni: 8

Ingredienti:

8 uova

1 cucchiaio di curcuma in polvere

¼ di tazza di aneto

1 cucchiaino di sale

Pizzico di paprika

Indirizzi:

Preparare un bagnomaria e mettervi il sottovuoto. Impostare a 165 F. Sbattere le uova in una ciotola insieme al resto degli ingredienti. Trasferire in un sacchetto sigillabile sottovuoto. Rilasciare l'aria con il metodo dello spostamento dell'acqua, sigillare e immergere la busta in un bagno d'acqua. Imposta il timer su 15 minuti.

Una volta fermato il timer, rimuovere la busta e massaggiare delicatamente per amalgamare. Cuocere per altri 15 minuti. Rimuovere con attenzione la borsa dall'acqua. Servire caldo.

uova in camicia

Preparazione + cottura: 65 minuti | Porzioni: 4

Ingredienti:

4 tazze d'acqua
4 uova alla paprika
1 cucchiaio di maionese
Sale e pepe nero a piacere

Indirizzi:

Preparare un bagnomaria e inserirvi il sottovuoto. Impostare a 145 F. Mettere le uova in un sacchetto sigillabile sottovuoto. Rilasciare l'aria con il metodo dello spostamento dell'acqua, sigillare e immergere il bagno. Imposta il timer su 55 minuti.

Una volta fermato il timer, rimuovere la busta e trasferirla in un bagno di ghiaccio per raffreddarla e sbucciarla. Nel frattempo portate a bollore l'acqua in una pentola. Inserire all'interno le uova sbucciate e cuocere per un minuto. Mentre le uova cuociono, mescolare insieme gli altri ingredienti. Irrorare con le uova.

Uova al bacon

Preparazione + tempo di cottura: 7 ore e 15 minuti | Porzioni: 4

Ingredienti:

4 uova sode
1 cucchiaino di burro
7 once di pancetta, affettata
1 cucchiaio di senape di Digione
4 once di mozzarella, affettata
Sale e pepe nero a piacere

Indirizzi:

Preparare un bagnomaria e mettervi il sottovuoto. Impostare a 140 F. Strofinare la pancetta con burro e pepe. Mettete una fetta di mozzarella sopra ogni uovo e avvolgete le uova insieme al formaggio nella pancetta.

Spalmare di senape e riporre in un sacchetto sottovuoto. Rilasciare l'aria con il metodo dello spostamento dell'acqua, sigillare e immergere la busta in un bagno d'acqua. Imposta il timer su 7 ore. Una volta fermato il timer, togliere il sacchetto e trasferirlo su un piatto. Servire caldo.

Uova Di Pomodorini

Preparazione + cottura: 40 minuti | Porzioni: 6

Ingredienti:

10 uova

1 tazza di pomodorini, tagliati a metà

2 cucchiai di panna acida

1 cucchiaio di erba cipollina

½ tazza di latte

½ cucchiaino di noce moscata

1 cucchiaino di burro

1 cucchiaino di sale

Indirizzi:

Preparare un bagnomaria e mettervi il sottovuoto. Impostalo su 170F.

Metti i pomodorini in un grande sacchetto sottovuoto. Sbattere le uova con il resto degli ingredienti e versarle sui pomodori. Rilasciare l'aria con il metodo dello spostamento dell'acqua, sigillare e immergere la busta in un bagno d'acqua. Imposta il timer su 30 minuti. Una volta pronto, togliete il sacchetto e trasferitelo su un piatto.

Pastrami strapazzato

Preparazione + cottura: 25 minuti | Porzioni: 3

Ingredienti:

6 uova

½ tazza di pastrami

2 cucchiai di panna

Sale e pepe nero a piacere

2 cucchiai di burro fuso

3 fette di pane tostato

Indirizzi:

Preparare un bagnomaria e mettervi il sottovuoto. Impostare a 167 F. Sbattere burro, uova, panna e spezie in un sacchetto sottovuoto. Rilasciare l'aria con il metodo dello spostamento dell'acqua, sigillare e immergere la busta in un bagno d'acqua. Imposta il timer su 15 minuti. Una volta fermato il timer, togli il sacchetto e trasferisci le uova su un piatto. Servire sopra il pane tostato.

Shakshuka al pomodoro

Preparazione + tempo di cottura: 2 ore e 10 minuti | Porzioni: 3

Ingredienti:

28 once di pomodori schiacciati in scatola

6 uova

1 cucchiaio di paprika

2 spicchi d'aglio, tritati

Sale e pepe nero a piacere

2 cucchiaini di cumino

¼ tazza di coriandolo tritato

Indirizzi:

Preparare un bagnomaria e mettervi il sottovuoto. Impostare a 148 F. Mettere le uova in un sacchetto sigillabile sottovuoto. Rilasciare l'aria con il metodo dello spostamento dell'acqua, sigillare e immergere la busta in un bagno d'acqua. Unisci gli ingredienti rimanenti in un altro sacchetto sigillabile sottovuoto. Imposta il timer su 2 ore.

Dividere la salsa di pomodoro in tre ciotole. Una volta fermato il timer, rimuovere il sacchetto. Sgusciare le uova e metterne 2 in ogni ciotola.

Tortilla Di Spinaci

Preparazione + cottura: 20 minuti | Porzioni: 2

Ingredienti:

4 uova grandi, sbattute
¼ di tazza di yogurt greco
¾ tazza di spinaci freschi, tritati finemente
1 cucchiaio di burro
¼ di tazza di formaggio cheddar grattugiato
¼ cucchiaino di sale

Indirizzi:

Preparare un bagnomaria, posizionare Sous Vide e impostare a 165 F. Sbattere le uova in una ciotola media. Aggiungere lo yogurt, il sale e il formaggio. Mettete il composto in un sacchetto sottovuoto e sigillatelo. Immergere la borsa nel bagnomaria. Cuocere per 10 minuti.

Sciogliere il burro in una padella a fuoco medio. Aggiungere gli spinaci e cuocere per 5 minuti. Accantonare. Una volta fermato il timer, togliete il sacchetto e trasferite le uova su un piatto da portata. Completare con gli spinaci e piegare la tortilla.

Frittata di rucola e prosciutto

Preparazione + cottura: 25 minuti | Porzioni: 2

Ingredienti:

4 fette sottili di prosciutto serrano
5 uova grandi
¼ tazza di rucola fresca, tritata finemente
¼ di tazza di avocado a fette
Sale e pepe nero a piacere

Indirizzi:

Preparare un bagnomaria, mettervi sottovuoto e impostare a 167 F. Sbattere le uova con rucola, sale e pepe. Trasferire in un sacchetto sigillabile sottovuoto. Premere per rimuovere l'aria e quindi sigillare il coperchio. Cuocere per 15 minuti. Una volta fermato il timer, togli la busta, apri e trasferisci la tortilla su un piatto da portata e guarnisci con le fette di avocado e prosciutto.

Frittata con erba cipollina e zenzero

Preparazione + cottura: 20 minuti | Porzioni: 2

Ingredienti:

8 uova di galline ruspanti, sbattute
½ tazza di erba cipollina
1 cucchiaino di zenzero fresco grattugiato
1 cucchiaio di olio extra vergine di oliva
Sale e pepe nero a piacere

Indirizzi:

Preparare un bagnomaria, mettervi sottovuoto e impostare a 165 F.

In una ciotola media, sbatti le uova, lo zenzero, il sale e il pepe. Trasferire il composto in un sacchetto richiudibile sottovuoto e sigillarlo. Immergere la borsa nel bagnomaria. Cuocere per 10 minuti.

Scaldare l'olio in una casseruola a fuoco medio. Cuocere gli scalogni per 2 minuti. Una volta fermato il timer, togliere il sacchetto, aprire e rimuovere la tortilla su un piatto da portata. Tagliare a fettine sottili, guarnire con le cipolle e ripiegare la tortilla per servire.

Bastoncini di pollo all'italiana

Preparazione + cottura: 2 ore e 20 minuti | Porzioni: 3

Ingredienti:

Petto di pollo da 1 libbra, disossato e senza pelle
1 tazza di farina di mandorle
1 cucchiaino di aglio tritato
1 cucchiaino di sale
½ cucchiaino di pepe di cayenna
2 cucchiaini di erbe miste italiane
¼ cucchiaino di pepe nero
2 uova sbattute
¼ tazza di olio d'oliva

Indirizzi:

Sciacquate la carne sotto acqua corrente fredda e asciugatela con carta da cucina. Condire con erbe italiane miste e riporre in un grande contenitore sottovuoto. Sigillare il sacchetto e cuocere sottovuoto per 2 ore a 167 F. Togliere dal bagnomaria e mettere da parte.

Ora unisci la farina, il sale, il pepe di cayenna, le erbe italiane e il pepe in una ciotola e metti da parte. In una ciotola separata, sbattere le uova e metterle da parte.

Scaldare l'olio d'oliva in una padella capiente a fuoco medio. Immergere il pollo nell'uovo sbattuto e ricoprirlo con il composto di farina. Friggere per 5 minuti su ciascun lato o fino a doratura.

Bocconcini di pollo alla ciliegia

Preparazione + cottura: 1 ora e 40 minuti | Porzioni: 3

Ingredienti:

Petto di pollo da 1 libbra, disossato e senza pelle, tagliato a pezzetti
1 tazza di peperoncino rosso, tagliato a pezzetti
1 tazza di peperone verde, tritato
1 tazza di pomodorini interi
1 tazza di olio d'oliva
1 cucchiaino di miscela di condimenti italiana
1 cucchiaino di pepe di cayenna
½ cucchiaino di origano secco
Sale e pepe nero a piacere

Indirizzi:

Sciacquate la carne sotto acqua corrente fredda e asciugatela con carta da cucina. Tagliare a pezzetti e mettere da parte. Lavate i peperoni e tagliateli a pezzetti. Lavare i pomodorini ed eliminare il picciolo verde. Accantonare.

In una ciotola, unire l'olio d'oliva con il condimento italiano, il pepe di Cayenna, sale e pepe.

Mescolare fino a quando non sarà ben incorporato. Aggiungete la carne e copritela bene con la marinata. Lasciare riposare per 30 minuti per consentire ai sapori di amalgamarsi e penetrare nella carne.

Mettete la carne insieme alle verdure in un grande sacchetto sottovuoto. Aggiungi tre cucchiai di marinata e chiudi il sacchetto. Cuocere sottovuoto per 1 ora a 149 F.

Toast alla cannella e cachi

Preparazione + tempo di cottura: 4 ore e 10 minuti | Porzioni: 6

Ingredienti:

4 fette di pane tostato
4 cachi, tritati
3 cucchiai di zucchero
½ cucchiaino di cannella
2 cucchiai di succo d'arancia
½ cucchiaino di estratto di vaniglia

Indirizzi:

Preparare un bagnomaria e mettervi il sottovuoto. Impostalo su 155F.

Metti i cachi in un sacchetto sigillabile sottovuoto. Aggiungere il succo d'arancia, l'estratto di vaniglia, lo zucchero e la cannella. Chiudi il sacchetto e agita bene per ricoprire i pezzetti di cachi. Rilasciare l'aria con il metodo dello spostamento dell'acqua, sigillare e immergere la busta in un bagno d'acqua. Imposta il timer su 4 ore.

Una volta fermato il timer, togli il sacchetto e trasferisci i cachi in un robot da cucina. Frullare fino a che liscio. Distribuire il composto di cachi sul pane tostato.

Ali di pollo allo zenzero

Preparazione + tempo di cottura: 2 ore e 25 minuti | Porzioni: 4

Ingredienti:

2 libbre di ali di pollo

¼ di tazza di olio extra vergine di oliva

4 spicchi d'aglio

1 cucchiaio di foglie di rosmarino tritate finemente

1 cucchiaino di pepe bianco

1 cucchiaino di pepe di cayenna

1 cucchiaio di timo fresco, tritato finemente

1 cucchiaio di zenzero fresco grattugiato

¼ tazza di succo di lime

½ tazza di aceto di mele

Indirizzi:

Sciacquare le ali di pollo sotto l'acqua corrente fredda e scolarle in uno scolapasta capiente.

In una grande ciotola, unisci l'olio d'oliva con aglio, rosmarino, pepe bianco, pepe di Caienna, timo, zenzero, succo di lime e aceto di mele. Immergere le ali in questa miscela e coprire. Conservare in frigorifero per un'ora.

Trasferisci le ali insieme alla marinata in un grande sacchetto sigillabile sottovuoto. Sigillare il sacchetto e cuocere sottovuoto per 1 ora e 15 minuti a 149 F. Togliere dal sacchetto sottovuoto e far rosolare prima di servire. Servire e buon appetito!

Empanadas di carne

Preparazione + tempo di cottura: 1 ora e 55 minuti | Porzioni: 4

Ingredienti:

1 libbra di carne macinata magra
1 uovo
2 cucchiai di mandorle tritate finemente
2 cucchiai di farina di mandorle
1 tazza di cipolle tritate finemente
2 spicchi d'aglio, schiacciati
¼ tazza di olio d'oliva
Sale e pepe nero a piacere
¼ di tazza di foglie di prezzemolo, tritate finemente

Indirizzi:

In una ciotola unire la carne macinata con la cipolla tritata finemente, l'aglio, l'olio, il sale, il pepe, il prezzemolo e le mandorle. Mescolare bene con una forchetta e aggiungere gradualmente un po' di farina di mandorle.

Sbattere un uovo e conservare in frigorifero per 40 minuti. Togliere la carne dal frigorifero e modellarla con cura in polpette spesse un pollice, circa 4 pollici di diametro. Mettere in due sacchetti separati sigillabili sottovuoto e cuocere sottovuoto per un'ora a 129 F.

Cavoli ripieni

Preparazione + cottura: 65 minuti | Porzioni: 3

Ingredienti:

1 libbra di cavolo al vapore
1 libbra di carne macinata magra
1 cipolla piccola tritata finemente
1 cucchiaio di olio d'oliva
Sale e pepe nero a piacere
1 cucchiaino di menta fresca, tritata finemente

Indirizzi:

Fate bollire una grande pentola d'acqua e aggiungete le verdure. Cuocere brevemente, per 2-3 minuti. Scolate e strizzate delicatamente le verdure e mettetele da parte.

In una ciotola capiente, unire la carne macinata, la cipolla, l'olio, il sale, il pepe e la menta. Mescolare bene fino a quando incorporato. Posiziona le foglie sul piano di lavoro, con le venature rivolte verso l'alto. Utilizzare un cucchiaio del composto di carne e posizionarlo nella parte inferiore centrale di ogni sfoglia. Piegare i lati e arrotolare strettamente. Ripiegare i lati e trasferirli delicatamente in un grande sacchetto sigillabile sottovuoto. Sigillare il sacchetto e cuocere sottovuoto per 45 minuti a 167 F.

Pannini Di Salsiccia Italiana Alle Erbe

Preparazione + tempo di cottura: 3 ore e 15 minuti | Porzioni: 4

ingredienti

1 libbra di salsiccia italiana
1 peperone rosso tagliato a fette
1 peperone giallo, affettato
1 cipolla affettata
1 spicchio d'aglio, tritato
1 tazza di succo di pomodoro
1 cucchiaino di origano secco
1 cucchiaino di basilico essiccato
1 cucchiaino di olio d'oliva
Sale e pepe nero a piacere
4 fette di pane

Indirizzi

Preparare un bagnomaria e mettervi il sottovuoto. Impostalo su 138F.

Metti le salsicce in un sacchetto sottovuoto. Aggiungere aglio, basilico, cipolla, peperone, succo di pomodoro e origano in ogni sacchetto. Rilasciare l'aria con il metodo dello spostamento dell'acqua, sigillare e immergere i sacchetti nel bagnomaria. Cuocere per 3 ore.

Una volta fermato il timer, togliete le salsicce e trasferitele in una padella calda. Friggerli per 1 minuto su ciascun lato. Accantonare. Aggiungi gli ingredienti rimanenti nella padella, condisci con sale e pepe. Cuocere finché l'acqua non sarà evaporata. Servire le salsicce e il resto degli ingredienti tra il pane.

Carciofi Al Limone E Aglio

Preparazione + cottura: 2 ore e 15 minuti | Porzioni: 5

Ingredienti:

3 carciofi

Succo di 3 limoni

1 cucchiaio di senape

5 spicchi d'aglio, tritati

1 cucchiaio di cipolla verde tritata

4 cucchiai di olio d'oliva

Indirizzi:

Preparare un bagnomaria e mettervi il sottovuoto. Scaldare a 195 F. Lavare e separare i carciofi. Mettere in un contenitore di plastica. Aggiungere gli ingredienti rimanenti e agitare per ricoprire bene. Metti l'intera miscela in un sacchetto di plastica. Sigillare e immergere la busta nel bagnomaria. Imposta il timer su 2 ore.

Una volta fermato il timer, togliere il sacchetto e grigliare per un minuto per lato.

Crocchette di tuorlo Panko

Preparazione + cottura: 60 minuti | Porzioni: 5

Ingredienti:

2 uova più 5 tuorli

1 tazza di pangrattato panko

3 cucchiai di olio d'oliva

5 cucchiai di farina

¼ cucchiaino di condimento italiano

½ cucchiaino di sale

¼ cucchiaino di paprika

Indirizzi:

Preparare un bagnomaria e mettervi il sottovuoto. Impostare a 150 F. Mettere il tuorlo nell'acqua (senza sacchetto o bicchiere) e cuocere per 45 minuti, girando a metà. Lasciare raffreddare leggermente. Sbattere le uova insieme agli altri ingredienti, escluso l'olio. Immergere i tuorli nel composto di uova e panko.

Scaldare l'olio in una padella. Friggere i tuorli per qualche minuto su ciascun lato, fino a doratura.

Hummus del Cile

Preparazione + tempo di cottura: 4 ore e 15 minuti | Porzioni: 9)

Ingredienti:

16 once di ceci, ammollati durante la notte e scolati
2 spicchi d'aglio, tritati
1 cucchiaino di sriracha
¼ cucchiaino di peperoncino in polvere
½ cucchiaino di scaglie di peperoncino
½ tazza di olio d'oliva
1 cucchiaio di sale
6 tazze d'acqua

Indirizzi:

Preparare un bagnomaria e mettervi il sottovuoto. Impostare a 195 F. Mettere i ceci e l'acqua in un sacchetto di plastica. Rilasciare l'aria con il metodo dello spostamento dell'acqua, sigillare e immergere la busta in un bagno d'acqua. Imposta il timer su 4 ore.

Una volta fermato il timer, togliere il sacchetto, scolare l'acqua e trasferire i ceci in un robot da cucina. Aggiungi gli ingredienti rimanenti. Frullare fino a che liscio.

Bacchette di senape

Preparazione + cottura: 1 ora | Porzioni: 5

Ingredienti:

2 chili di cosce di pollo
¼ di tazza di senape di Digione
2 spicchi d'aglio, schiacciati
2 cucchiai di aminoacidi al cocco
1 cucchiaino di sale rosa dell'Himalaya
½ cucchiaino di pepe nero

Indirizzi:

Sciacquare le cosce sotto l'acqua corrente fredda. Scolare in un grande scolapasta e mettere da parte.

In una piccola ciotola, unisci Digione con l'aglio schiacciato, gli aminoacidi di cocco, sale e pepe. Distribuire il composto sulla carne con un pennello da cucina e riporlo in un grande sacchetto sottovuoto. Sigillare il sacchetto e cuocere sottovuoto per 45 minuti a 167 F.

Tonde di Melanzane con Pistacchi

Preparazione + tempo di cottura: 8 ore e 10 minuti | Porzioni: 8

Ingredienti:

3 melanzane a fette
¼ di tazza di pistacchi tritati
1 cucchiaio di miso
1 cucchiaio di mirin
2 cucchiaini di olio d'oliva
1 cucchiaino di erba cipollina
Sale e pepe nero a piacere

Indirizzi:

Preparare un bagnomaria e mettervi il sottovuoto. Impostalo su 185F.

Sbattere insieme l'olio, il mirin, l'erba cipollina, il miso e il pepe. Spennellate le fette di melanzane con questo composto. Mettere in un sacchetto sottovuoto monostrato e guarnire con i pistacchi. Ripetete il procedimento fino ad utilizzare tutti gli ingredienti. Rilasciare l'aria con il metodo dello spostamento dell'acqua, sigillare e immergere la busta in un bagno d'acqua. Imposta il timer su 8 ore. Una volta fermato il timer, rimuovere il sacchetto e il piatto.

Salsa di piselli verdi

Preparazione + cottura: 45 minuti | Porzioni: 8

Ingredienti:

2 tazze di piselli verdi

3 cucchiai di panna

1 cucchiaio di dragoncello

1 spicchio d'aglio

1 cucchiaino di olio d'oliva

Sale e pepe nero a piacere

¼ di tazza di mela tritata

Indirizzi:

Preparare un bagnomaria e mettervi il sottovuoto. Impostare a 185 F. Mettere tutti gli ingredienti in un sacchetto sigillabile sottovuoto. Rilasciare l'aria con il metodo dello spostamento dell'acqua, sigillare e immergere la busta in un bagno d'acqua. Imposta il timer su 32 minuti. Una volta fermato il timer, togliere il sacchetto e frullare con un mixer manuale fino ad ottenere un composto omogeneo.

patatine fritte

Preparazione + cottura: 45 | Porzioni: 6

Ingredienti:

3 libbre di patate, affettate
5 tazze d'acqua
Sale e pepe nero a piacere
¼ cucchiaino di bicarbonato di sodio

Indirizzi:

Preparare un bagnomaria e mettervi il sottovuoto. Impostato su 195 F.

Metti le fette di patate, l'acqua, il sale e il bicarbonato in un sacchetto sottovuoto. Rilasciare l'aria con il metodo dello spostamento dell'acqua, sigillare e immergere la busta in un bagno d'acqua. Imposta il timer su 25 minuti.

Nel frattempo, scaldare l'olio in una casseruola a fuoco medio. Una volta fermato il timer, togliete le fette di patate dalla salamoia e asciugatele. Cuocere nell'olio per qualche minuto, fino a doratura.

Insalata di tacchino con cetriolo

Preparazione + cottura: 2 ore e 20 minuti | Porzioni: 3

Ingredienti:

Petti di tacchino da 1 libbra, affettati

½ tazza di brodo di pollo

2 spicchi d'aglio, tritati

2 cucchiai di olio d'oliva

1 cucchiaino di sale

¼ di cucchiaino di pepe di cayenna

2 foglie di alloro

1 pomodoro a pezzetti medio

1 peperone rosso grande, tritato

1 cetriolo medio

½ cucchiaino di condimento italiano

Indirizzi:

Condire il tacchino con sale e pepe di cayenna. Mettetelo in una macchina sottovuoto insieme al brodo di pollo, all'aglio e alle foglie di alloro. Sigillare il sacchetto e cuocere in Sous Vide per 2 ore a 167 F. Rimuovere e mettere da parte. Metti le verdure in una ciotola capiente e aggiungi il tacchino. Mescolare con condimento italiano e olio d'oliva. Mescolare bene per amalgamare e servire subito.

palline di zenzero

Preparazione + cottura: 1 ora e 30 minuti | Porzioni: 3

Ingredienti:

1 libbra di carne macinata
1 tazza di cipolle tritate finemente
3 cucchiai di olio d'oliva
¼ tazza di coriandolo fresco, tritato finemente
¼ tazza di menta fresca, tritata finemente
2 cucchiaini di pasta di zenzero
1 cucchiaino di pepe di cayenna
2 cucchiaini di sale

Indirizzi:

In una grande ciotola, unisci carne macinata, cipolle, olio d'oliva, coriandolo, menta, coriandolo, pasta di zenzero, pepe di cayenna e sale. Modellare gli hamburger e conservare in frigorifero per 15 minuti. Togliere dal frigorifero e trasferire in sacchetti separati sigillabili sottovuoto. Cuocere in Sous Vide per 1 ora a 154 F.

Palline di morso di merluzzo

Preparazione + cottura: 105 minuti | Porzioni: 5

Ingredienti:

12 once di merluzzo tritato

2 once di pane

1 cucchiaio di burro

¼ tazza di farina

1 cucchiaio di semola

2 cucchiai di acqua

1 cucchiaio di aglio tritato

Sale e pepe nero a piacere

¼ cucchiaino di paprika

Indirizzi:

Preparare un bagnomaria e mettervi il sottovuoto. Impostato su 125 F.

Unire il pane e l'acqua e schiacciare il composto. Aggiungere gli ingredienti rimanenti e mescolare bene per amalgamare. Formate delle palline con il composto.

Spruzzare una padella con spray da cucina e cuocere le palline a fuoco medio per circa 15 secondi per lato, fino a quando saranno leggermente tostate. Mettete i bocconcini di merluzzo in un sacchetto sottovuoto. Rilasciare l'aria con il metodo dello spostamento dell'acqua, sigillare e immergere la busta in un bagno d'acqua. Imposta il timer su 1 ora e 30 minuti. Una volta fermato il timer, togliete il sacchetto e servite i bocconcini di merluzzo. Assistere.

Carotine glassate

Preparazione + tempo di cottura: 3 ore e 10 minuti | Porzioni: 4

Ingredienti:

1 tazza di carote piccole
4 cucchiai di zucchero di canna
1 tazza di scalogno tritato
1 cucchiaio di burro
Sale e pepe nero a piacere
1 cucchiaio di aneto

Indirizzi:

Preparare un bagnomaria e inserirvi il sottovuoto. Impostare su 165 F. Mettere tutti gli ingredienti in un sacchetto sigillabile sottovuoto. Agitare per ricoprire. Rilasciare l'aria con il metodo dello spostamento dell'acqua, sigillare e immergere nel bagnomaria. Imposta il timer su 3 ore. Una volta fermato il timer, rimuovere il sacchetto. Servire caldo.

ali di pollo calde

Preparazione + tempo di cottura: 4 ore e 15 minuti | Porzioni: 4

Ingredienti:

2 libbre di ali di pollo

½ panetto di burro fuso

¼ di tazza di salsa rossa piccante

½ cucchiaino di sale

Indirizzi:

Preparare un bagnomaria e inserirvi il sottovuoto. Impostare a 170 F. Condire il pollo con sale e metterlo in 2 sacchetti sottovuoto. Rilasciare l'aria con il metodo dello spostamento dell'acqua, sigillare e immergere nel bagno. Cuocere per 4 ore. Fatto ciò, togliete i sacchetti. Sbattere la salsa e il burro. Condire le ali con il composto.

Muffin Cipolla E Pancetta

Preparazione + tempo di cottura: 3 ore e 45 minuti | Porzioni: 5

Ingredienti:

1 cipolla tritata

6 once di pancetta, tritata

1 tazza di farina

4 cucchiai di burro fuso

1 uovo

1 cucchiaino di bicarbonato di sodio

1 cucchiaio di aceto

¼ cucchiaino di sale

Indirizzi:

Preparare un bagnomaria e mettervi il sottovuoto. Fondata nel 196 F.

Nel frattempo, in una padella a fuoco medio, cuocere la pancetta fino a renderla croccante. Trasferire in una ciotola e aggiungere la cipolla al grasso della pancetta e cuocere per qualche minuto, fino a quando sarà morbida.

Trasferire in una ciotola e aggiungere gli ingredienti rimanenti. Dividere l'impasto dei muffin in 5 vasetti piccoli. Assicurati di non riempirne più della metà. Mettete i vasetti a bagnomaria e impostate il timer su 3 ore e 30 minuti. Una volta fermato il timer, togliete i vasetti e servite.

Cozze al vino bianco

Preparazione + tempo di cottura: 1 ora e 20 minuti | Porzioni: 3

Ingredienti:

1 libbra di cozze fresche

3 cucchiai di olio extra vergine di oliva

1 tazza di cipolle tritate finemente

¼ di tazza di prezzemolo fresco, tritato finemente

3 cucchiai di timo fresco tritato

1 cucchiaio di scorza di limone

1 bicchiere di vino bianco secco

Indirizzi:

In una padella media, scalda l'olio. Aggiungere le cipolle e rosolarle fino a renderle traslucide. Aggiungere la scorza di limone, il prezzemolo e il timo. Mescolare bene e trasferire in un sacchetto sottovuoto. Aggiungete le cozze e una tazza di vino bianco secco. Sigillare il sacchetto e cuocere in Sous Vide per 40 minuti a 104 F.

Pannocchie di mais Tamari

Preparazione + tempo di cottura: 3 ore e 15 minuti | Porzioni: 8

Ingredienti:

Pannocchie di mais da 1 libbra
1 cucchiaio di burro
¼ di tazza di salsa tamari
2 cucchiai di pasta di miso
1 cucchiaino di sale

Indirizzi:

Preparare un bagnomaria e mettervi il sottovuoto. Impostalo su 185F.

Sbattere insieme il tamari, il burro, il miso e il sale. Mettete il mais in un sacchetto di plastica e versate il composto. Agitare per ricoprire. Rilasciare l'aria utilizzando il metodo dello spostamento dell'acqua, sigillare e immergere la busta in un bagno d'acqua. Imposta il timer su 3 ore. Una volta fermato il timer, rimuovere il sacchetto. Servire caldo.

Capesante con Pancetta

Preparazione + cottura: 50 minuti | Porzioni: 6

Ingredienti:

10 once di capesante

3 once di pancetta, affettata

½ cipolla grattugiata

½ cucchiaino di pepe bianco

1 cucchiaio di olio d'oliva

Indirizzi:

Preparare un bagnomaria e mettervi il sottovuoto. Impostalo su 140F.

Condire le capesante con la cipolla tritata e avvolgerle con le fette di pancetta. Spolverate con pepe bianco e irrorate con olio. Mettere in un sacchetto di plastica. Rilasciare l'aria utilizzando il metodo dello spostamento dell'acqua, sigillare e immergere la busta in un bagno d'acqua. Imposta il timer su 35 minuti. Una volta fermato il timer, rimuovere il sacchetto. Assistere.

Antipasto di gamberi

Preparazione + cottura: 75 minuti | Porzioni: 8

Ingredienti:

1 libbra di gamberetti
3 cucchiai di olio di sesamo
3 cucchiai di succo di limone
½ tazza di prezzemolo
Sale e pepe bianco a piacere

Indirizzi:

Preparare un bagnomaria e mettervi il sottovuoto. Impostalo su 140F.

Mettete tutti gli ingredienti in un sacchetto sottovuoto. Agitare per ricoprire bene i gamberi. Rilasciare l'aria utilizzando il metodo dello spostamento dell'acqua, sigillare e immergere la busta in un bagno d'acqua. Imposta il timer per 1 ora. Una volta fermato il timer, rimuovere il sacchetto. Servire caldo.

Crema di fegatini di pollo

Preparazione + tempo di cottura: 5 ore e 15 minuti | Porzioni: 8

Ingredienti:

1 libbra di fegato di pollo

6 uova

8 once di pancetta, tritata

2 cucchiai di salsa di soia

3 once di scalogno tritato

3 cucchiai di aceto

Sale e pepe nero a piacere

4 cucchiai di burro

½ cucchiaino di paprika

Indirizzi:

Preparare un bagnomaria e mettervi il sottovuoto. Impostalo su 156F.

Cuocere la pancetta in una padella a fuoco medio, aggiungere lo scalogno e cuocere per 3 minuti. Aggiungi salsa di soia e aceto. Trasferire in un frullatore insieme agli ingredienti rimanenti. Frullare fino a che liscio. Mettete tutti gli ingredienti in un barattolo di vetro e chiudete. Cuocere per 5 ore. Una volta fermato il timer, togliere il barattolo e servire.

Verdure Di Zucca Con Zenzero

Preparazione + cottura: 70 minuti | Porzioni: 8

Ingredienti:

14 once di zucca
1 cucchiaio di zenzero grattugiato
1 cucchiaino di burro fuso
1 cucchiaino di succo di limone
Sale e pepe nero a piacere
¼ cucchiaino di curcuma

Indirizzi:

Preparare un bagnomaria e mettervi il sottovuoto. Impostalo su 185F.

Sbucciare e tagliare la zucca a fette. Mettete tutti gli ingredienti in un sacchetto sottovuoto. Agitare per ricoprire bene. Rilasciare l'aria con il metodo dello spostamento dell'acqua, sigillare e immergere la busta in un bagno d'acqua. Imposta il timer su 55 minuti. Una volta fermato il timer, rimuovere il sacchetto. Servire caldo.

code di aragosta

Preparazione + cottura: 50 minuti | Porzioni: 6

Ingredienti:

Code di aragosta da 1 libbra, granulate
½ limone
½ cucchiaino di aglio in polvere
¼ cucchiaino di cipolla in polvere
1 cucchiaio di rosmarino
1 cucchiaino di olio d'oliva

Indirizzi:

Preparare un bagnomaria e mettervi il sottovuoto. Impostalo su 140F.

Condire l'aragosta con aglio e cipolla in polvere. Mettere in un sacchetto sigillabile sottovuoto. Aggiungere il resto degli ingredienti e agitare per ricoprire. Rilasciare l'aria utilizzando il metodo dello spostamento dell'acqua, sigillare e immergere la busta in un bagno d'acqua. Imposta il timer su 40 minuti. Una volta fermato il timer, rimuovere il sacchetto. Servire caldo.

Tofu al barbecue

Preparazione + cottura: 2 ore e 15 minuti | Porzioni: 8

Ingredienti:

15 once di tofu

3 cucchiai di salsa barbecue

2 cucchiai di salsa tamari

1 cucchiaino di cipolla in polvere

1 cucchiaino di sale

Indirizzi:

Preparare un bagnomaria e mettervi il sottovuoto. Impostalo su 180F.

Tagliare il tofu a cubetti. Mettilo in un sacchetto di plastica. Rilasciare l'aria utilizzando il metodo dello spostamento dell'acqua, sigillare e immergere la busta in un bagno d'acqua. Imposta il timer su 2 ore.

Una volta fermato il timer, togliete il sacchetto e trasferitelo in una ciotola. Aggiungere gli ingredienti rimanenti e mescolare per unire.

Toast francese gustoso

Preparazione + cottura: 100 minuti | Porzioni: 2

Ingredienti:

2 uova

4 fette di pane

½ tazza di latte

½ cucchiaino di cannella

1 cucchiaio di burro fuso

Indirizzi:

Preparare un bagnomaria e mettervi il sottovuoto. Impostato su 150 F.

Sbattere le uova, il latte, il burro e la cannella. Mettete le fette di pane in un sacchetto sottovuoto e versateci il composto di uova. Agitare per ricoprire bene. Rilasciare l'aria utilizzando il metodo dello spostamento dell'acqua, sigillare e immergere la busta in un bagno d'acqua. Imposta il timer su 1 ora e 25 minuti. Una volta fermato il timer, rimuovere il sacchetto. Servire caldo.

Anatra dolce e piccante

Preparazione + cottura: 70 minuti | Porzioni: 4

Ingredienti:

Petto d'anatra da 1 libbra
1 cucchiaino di timo
1 cucchiaino di origano
2 cucchiai di miele
½ cucchiaino di peperoncino in polvere
½ cucchiaino di paprika
1 cucchiaino di sale all'aglio
1 cucchiaio di olio di sesamo

Indirizzi:

Preparare un bagnomaria e mettervi il sottovuoto. Impostato su 158 F.

Sbattere insieme miele, olio, spezie ed erbe aromatiche. Strofinare l'anatra con il composto e metterla in un sacchetto sottovuoto. Rilasciare l'aria con il metodo dello spostamento dell'acqua, sigillare e immergere la busta in un bagno d'acqua. Imposta il timer su 60 minuti.

Una volta fermato il timer, togliere la busta e tagliare il petto d'anatra. Servire caldo.

Rabarbaro sottaceto sottovuoto

Preparazione + cottura: 40 minuti | Porzioni: 8

Ingredienti:

2 libbre di rabarbaro, affettato

7 cucchiai di aceto di mele

1 cucchiaio di zucchero di canna

¼ gambo di sedano, tritato

¼ cucchiaino di sale

Indirizzi:

Preparare un bagnomaria e mettervi il sottovuoto. Impostare a 180 F. Mettere tutti gli ingredienti in un sacchetto sigillabile sottovuoto. Agitare per ricoprire bene. Rilasciare l'aria utilizzando il metodo dello spostamento dell'acqua, sigillare e immergere la busta nel bagnomaria, cuocere per 25 minuti. Una volta fermato il timer, rimuovere il sacchetto. Servire caldo.

polpette di tacchino

Preparazione + tempo di cottura: 2 ore e 10 minuti | Porzioni: 4

Ingredienti:

12 once di tacchino macinato

2 cucchiaini di salsa di pomodoro

1 uovo

1 cucchiaino di coriandolo

1 cucchiaio di burro

Sale e pepe nero a piacere

1 cucchiaio di pangrattato

½ cucchiaino di timo

Indirizzi:

Preparare un bagnomaria e mettervi il sottovuoto. Impostalo su 142F.

Unisci tutti gli ingredienti in una ciotola. Formate con il composto delle polpette. Mettere in un sacchetto sigillabile sottovuoto. Rilasciare l'aria utilizzando il metodo dello spostamento dell'acqua, sigillare e immergere la busta in un bagno d'acqua. Imposta il timer su 2 ore. Una volta fermato il timer, rimuovere il sacchetto. Servire caldo.

Cosce Dolci Con Pomodori Secchi

Preparazione + cottura: 75 minuti | Porzioni: 7)

Ingredienti:

2 chili di cosce di pollo

3 once di pomodori secchi, tritati

1 cipolla gialla tritata

1 cucchiaino di rosmarino

1 cucchiaio di zucchero

2 cucchiai di olio d'oliva

1 uovo sbattuto

Indirizzi:

Preparare un bagnomaria e mettervi il sottovuoto. Impostalo su 149F.

Unisci tutti gli ingredienti in un sacchetto sottovuoto e agita per ricoprirli bene. Rilasciare l'aria utilizzando il metodo dello spostamento dell'acqua, sigillare e immergere la busta in un bagno d'acqua. Imposta il timer su 63 minuti. Una volta fermato il timer, togliere la busta e servire come desiderato.

Pollo Adobo

Preparazione + tempo di cottura: 4 ore e 25 minuti | Porzioni: 6

Ingredienti:

2 chili di cosce di pollo

3 cucchiai di pepe in grani

1 tazza di brodo di pollo

½ tazza di salsa di soia

2 cucchiai di aceto

1 cucchiaio di aglio in polvere

Indirizzi:

Preparare un bagnomaria e mettervi il sottovuoto. Impostalo su 155F.

Metti il pollo, la salsa di soia e l'aglio in polvere in un sacchetto sottovuoto. Rilasciare l'aria con il metodo dello spostamento dell'acqua, sigillare e immergere la busta in un bagno d'acqua. Imposta il timer su 4 ore. Una volta fermato il timer, togliete il sacchetto e mettetelo in una casseruola. Aggiungi gli ingredienti rimanenti. Cuocere per altri 15 minuti.

Chorizo fruttato "Cómeme"

Preparazione + cottura: 75 minuti | Porzioni: 4

ingredienti

2 tazze e ½ di uva bianca senza semi, senza gambi
1 cucchiaio di rosmarino fresco tritato
2 cucchiai di burro
4 salsicce chorizo
2 cucchiai di aceto balsamico
Sale e pepe nero a piacere

Indirizzi

Preparare un bagnomaria e mettervi il sottovuoto. Impostare a 165 F. Mettere il burro, l'uva bianca, il rosmarino e il chorizo in un sacchetto sottovuoto. Agitare bene. Rilasciare l'aria con il metodo dello spostamento dell'acqua, sigillare e immergere la busta nel bagnomaria. Cuocere per 60 minuti.

Una volta fermato il timer, trasferire il composto di chorizo in un piatto. Versare i liquidi di cottura in una pentola calda insieme all'uva e all'aceto balsamico. Mescolare per 3 minuti. Top chorizo con salsa all'uva.

Pollo e Funghi al Marsala

Preparazione + tempo di cottura: 2 ore e 25 minuti | Porzioni: 2

Ingredienti:

2 petti di pollo, disossati e senza pelle

1 bicchiere di vino Marsala

1 tazza di brodo di pollo

14 once di funghi, affettati

½ cucchiaio di farina

1 cucchiaio di burro

Sale e pepe nero a piacere

2 spicchi d'aglio, tritati

1 scalogno tritato

Indirizzi:

Preparare un bagnomaria e mettervi il sottovuoto. Impostare a 140 F. Condire il pollo con sale e pepe e metterlo in un sacchetto sottovuoto insieme ai funghi. Rilasciare l'aria con il metodo dello spostamento dell'acqua, sigillare e immergere in un bagnomaria. Cuocere per 2 ore.

Una volta fermato il timer, rimuovere il sacchetto. Sciogliere il burro in una padella a fuoco medio, aggiungere la farina e il resto degli ingredienti. Cuocere finché la salsa non si addensa. Aggiungi il pollo e cuoci per 1 minuto.

Albicocche alla vaniglia con whisky

Preparazione + cottura: 45 minuti | Porzioni: 4

ingredienti

2 albicocche, snocciolate e tagliate in quarti
½ tazza di whisky di segale
½ tazza di zucchero ultrafino
1 cucchiaino di estratto di vaniglia
Sale a piacere

Indirizzi

Preparare un bagnomaria e inserirvi il sottovuoto. Impostare su 182 F. Mettere tutti gli ingredienti in un sacchetto sigillabile sottovuoto. Rilasciare l'aria con il metodo dello spostamento dell'acqua, sigillare e immergere in un bagnomaria. Cuocere per 30 minuti. Una volta che il timer si è fermato, rimuovi il sacchetto e trasferiscilo in un bagno di ghiaccio.

Hummus speziato facile

Preparazione + tempo di cottura: 3 ore e 35 minuti | Porzioni: 6

ingredienti

1 tazza e ½ di ceci secchi, ammollati per una notte
2 litri d'acqua
¼ tazza di succo di limone
¼ di tazza di pasta tahina
2 spicchi d'aglio, tritati
2 cucchiai di olio d'oliva
½ cucchiaino di semi di cumino
½ cucchiaino di sale
1 cucchiaino di pepe di cayenna

Indirizzi

Preparare un bagnomaria e mettervi il sottovuoto. Fondata nel 196 F.

Scolate i ceci e metteteli in un sacchetto sottovuoto con 1 litro d'acqua. Rilasciare l'aria con il metodo dello spostamento dell'acqua, sigillare e immergere la busta nel bagnomaria. Cuocere per 3 ore. Una volta fermato il timer, rimuovere la busta, trasferirla in un bagno di acqua ghiacciata e lasciare raffreddare.

In un frullatore, frullare il succo di limone e la pasta di tahini per 90 secondi. Aggiungere l'aglio, l'olio d'oliva, i semi di cumino e il sale, frullare per 30 secondi fino a ottenere un composto omogeneo. Togliere i ceci e scolarli. Per un hummus più morbido, sbucciate i ceci.

In un robot da cucina, unisci metà dei ceci al composto di tahina e frulla per 90 secondi. Aggiungete i ceci rimasti e frullate fino ad ottenere un composto omogeneo. Mettere il composto su un piatto e decorare con pepe di cayenna e i ceci messi da parte.

Bacchette di lime Kaffir

Preparazione + cottura: 80 minuti | Porzioni: 7)

Ingredienti:

16 once di cosce di pollo
2 cucchiai di foglie di coriandolo
1 cucchiaino di menta secca
1 cucchiaino di timo
Sale e pepe bianco a piacere
1 cucchiaio di olio d'oliva
1 cucchiaio di foglie di lime kaffir tritate

Indirizzi:

Preparare un bagnomaria e mettervi il sottovuoto. Impostare su 153 F. Mettere tutti gli ingredienti in un sacchetto sigillabile sottovuoto. Massaggiare per ricoprire bene il pollo. Rilasciare l'aria con il metodo dello spostamento dell'acqua, sigillare e immergere la busta in un bagno d'acqua. Imposta il timer su 70 minuti. Fatto ciò, rimuovi il sacchetto. Servire caldo.

Purè di Patate al Latte con Rosmarino

Preparazione + cottura: 1 ora e 45 minuti | Porzioni: 4

ingredienti

2 libbre di patate rosse
5 spicchi d'aglio
8 once di burro
1 tazza di latte intero
3 rametti di rosmarino
Sale e pepe bianco a piacere

Indirizzi

Preparare un bagnomaria e mettervi il sottovuoto. Impostare a 193 F. Lavare le patate, sbucciarle e tagliarle a fette. Prendete l'aglio, sbucciatelo e schiacciatelo. Unisci patate, aglio, burro, 2 cucchiai di sale e rosmarino. Mettere in un sacchetto sigillabile sottovuoto. Rilasciare l'aria con il metodo dello spostamento dell'acqua, sigillare e immergere la busta nel bagnomaria. Cuocere per 1 ora e 30 minuti.

Una volta fermato il timer, togliete il sacchetto, trasferitelo in una ciotola e schiacciatelo. Mescolare il burro misto e il latte. Condire con sale e pepe. Completare con il rosmarino e servire.

Spiedini di tofu dolce con verdure

Preparazione + cottura: 65 minuti | Porzioni: 8)

ingredienti

1 zucchina, affettata

1 melanzana a fette

1 peperone giallo tritato

1 peperoncino rosso tritato

1 peperone verde tritato

16 once di formaggio tofu

¼ tazza di olio d'oliva

1 cucchiaino di miele

Sale e pepe nero a piacere

Indirizzi

Preparare un bagnomaria e mettervi il sottovuoto. Impostalo su 186F.

Mettete le zucchine e le melanzane in un sacchetto sottovuoto. Metti i pezzi di peperone in un sacchetto sottovuoto. Rilasciare l'aria con il metodo dello spostamento dell'acqua, sigillare e immergere i sacchetti nel bagnomaria. Cuocere per 45 minuti. Dopo 10 minuti, scaldare una padella a fuoco medio.

Filtrare il tofu e asciugarlo. Tagliare a cubetti. Spennellare con olio d'oliva e trasferire nella padella e scottare fino a doratura su ciascun lato. Trasferire in una ciotola, versare il miele e coprire. Lasciate raffreddare. Una volta fermato il timer, rimuovere i sacchetti e trasferire tutto il contenuto in un contenitore. Condire con sale e pepe. Eliminare i succhi di cottura. Disporre le verdure e il tofu, alternandoli, sugli spiedini.

Filetti Di Pollo Di Digione

Preparazione + cottura: 65 minuti | Porzioni: 4

Ingredienti:

Filetti di pollo da 1 libbra

3 cucchiai di senape di Digione

2 cipolle grattugiate

2 cucchiai di amido di mais

½ tazza di latte

1 cucchiaio di scorza di limone

1 cucchiaino di timo

1 cucchiaino di origano

Sale all'aglio e pepe nero a piacere

1 cucchiaio di olio d'oliva

Indirizzi:

Preparare un bagnomaria e mettervi il sottovuoto. Impostare a 146 F. Sbattere tutti gli ingredienti e metterli in un sacchetto sottovuoto. Rilasciare l'aria utilizzando il metodo dello spostamento dell'acqua, sigillare e immergere la busta in un bagno d'acqua. Imposta il timer su 45 minuti. Una volta fermato il timer, togliete il sacchetto e trasferitelo in una casseruola e fate cuocere a fuoco medio per 10 minuti.

Peperoni Ripieni Di Carote E Noci

Preparazione + tempo di cottura: 2 ore e 35 minuti | Porzioni: 5

ingredienti

4 scalogni tritati

4 carote tritate

4 spicchi d'aglio, tritati

1 tazza di anacardi crudi, ammollati e scolati

1 tazza di noci, ammollate e scolate

1 cucchiaio di aceto balsamico

1 cucchiaio di salsa di soia

1 cucchiaio di cumino macinato

2 cucchiaini di paprika

1 cucchiaino di aglio in polvere

1 pizzico di pepe di cayenna

4 rametti di timo fresco

Scorza di 1 limone

4 peperoni, affettati e senza semi

Indirizzi

Preparare un bagnomaria e mettervi il sottovuoto. Impostalo su 186F.

Unisci in un frullatore carote, aglio, scalogno, anacardi, noci, aceto balsamico, salsa di soia, cumino, paprika, aglio in polvere, pepe di cayenna, timo e scorza di limone. Mescolare fino a circa.

Versare il composto nei gusci dei peperoni e riporre in un sacchetto sottovuoto. Rilasciare l'aria con il metodo dello spostamento dell'acqua, sigillare e immergere la busta nel bagnomaria. Cuocere per 1 ora e 15 minuti. Una volta fermato il timer, togliete i peperoni e trasferiteli su un piatto.

Anatra all'arancia con paprika e timo

Preparazione + tempo di cottura: 15 ore 10 minuti | Porzioni: 4

Ingredienti:

16 once di cosce d'anatra

1 cucchiaino di scorza d'arancia

2 cucchiai di foglie di Kaffir

1 cucchiaino di sale

1 cucchiaino di zucchero

1 cucchiaio di succo d'arancia

2 cucchiaini di olio di sesamo

½ cucchiaino di paprika

½ cucchiaino di timo

Indirizzi:

Preparare un bagnomaria e mettervi il sottovuoto. Impostare a 160 F. Versare tutti gli ingredienti in un sacchetto sigillabile sottovuoto. Massaggiare per amalgamare bene. Rilasciare l'aria utilizzando il metodo dello spostamento dell'acqua, sigillare e immergere la busta in un bagno d'acqua. Imposta il timer su 15 ore.

Una volta fermato il timer, rimuovere il sacchetto. Servire caldo.

Coscia di tacchino avvolta nella pancetta

Preparazione + tempo di cottura: 6 ore e 15 minuti | Porzioni: 5

Ingredienti:

14 once di coscia di tacchino

5 once di pancetta, affettata

½ cucchiaino di scaglie di peperoncino

2 cucchiaini di olio d'oliva

1 cucchiaio di panna acida

½ cucchiaino di origano

½ cucchiaino di paprika

¼ limone, a fette

Indirizzi:

Preparare un bagnomaria e mettervi il sottovuoto. Impostalo su 160F.

Unisci le erbe e le spezie con la panna acida in una ciotola e spennella il tacchino con un pennello. Avvolgere nella pancetta e irrorare con olio d'oliva. Mettere in un sacchetto sottovuoto insieme al limone. Rilasciare l'aria con il metodo dello spostamento dell'acqua, sigillare e immergere la busta in un bagno d'acqua. Imposta il timer su 6 ore. Una volta fermato il timer, togliere il sacchetto e tagliare. Servire caldo.

Mix di asparagi e dragoncello

Preparazione + cottura: 25 minuti | Porzioni: 3

Ingredienti:

1 ½ libbra di asparagi medi
5 cucchiai di burro
2 cucchiai di succo di limone
½ cucchiaino di scorza di limone
1 cucchiaio di erba cipollina affettata
1 cucchiaio di prezzemolo tritato
1 cucchiaio + 1 cucchiaio di aneto fresco tritato
1 cucchiaio + 1 cucchiaio di dragoncello, tritato

Indirizzi:

Fare un bagnomaria, mettervi il sottovuoto e impostare a 183 F. Tagliare ed eliminare la parte inferiore stretta degli asparagi. Mettete gli asparagi in un sacchetto sottovuoto.

Rilasciare l'aria utilizzando il metodo dello spostamento dell'acqua, sigillare e immergere nel bagnomaria e impostare il timer per 10 minuti.

Una volta fermato il timer, rimuovere la busta e aprirla. Mettete una padella sul fuoco basso, aggiungete il burro e gli asparagi cotti al vapore. Condire con sale e pepe e mescolare continuamente. Aggiungere il succo e la scorza di limone e cuocere per 2 minuti.

Spegni il fuoco e aggiungi il prezzemolo, 1 cucchiaio di aneto e 1 cucchiaio di dragoncello. Mescolare uniformemente. Guarnire con il resto dell'aneto e del dragoncello. Servire caldo come guarnizione.

Bistecche di cavolfiore piccanti

Preparazione + cottura: 35 minuti | Porzioni: 5

Ingredienti:

1 libbra di cavolfiore, affettato
1 cucchiaio di curcuma
1 cucchiaino di peperoncino in polvere
½ cucchiaino di aglio in polvere
1 cucchiaino di sriracha
1 cucchiaio di chipotle
1 cucchiaio pesante
2 cucchiai di burro

Indirizzi:

Preparare un bagnomaria e mettervi il sottovuoto. Impostalo su 185F.

Sbattere tutti gli ingredienti, tranne il cavolfiore. Spennellare i filetti di cavolfiore con il composto. Metteteli in un sacchetto sottovuoto. Rilasciare l'aria utilizzando il metodo dello spostamento dell'acqua, sigillare e immergere la busta in un bagno d'acqua. Imposta il timer su 18 minuti.

Una volta fermato il timer, togliere il sacchetto, preriscaldare la griglia e cuocere le bistecche per un minuto per lato.

Strisce di patate alla cayenna con salsa alla maionese

Preparazione + cottura: 1 ora e 50 minuti | Porzioni: 6

ingredienti

2 grandi patate dorate, tagliate a listarelle

Sale e pepe nero a piacere

1 cucchiaio e mezzo di olio d'oliva

1 cucchiaino di timo

1 cucchiaino di paprica

½ cucchiaino di pepe di cayenna

1 tuorlo d'uovo

2 cucchiai di aceto di sidro

¾ tazza di olio vegetale

Sale e pepe nero a piacere

Indirizzi

Preparare un bagnomaria e mettervi il sottovuoto. Impostare a 186 F. Mettere le patate con un pizzico di sale in un sacchetto sottovuoto. Rilasciare l'aria con il metodo dello spostamento dell'acqua, sigillare e immergere in un bagnomaria. Cuocere per 1 ora e 30 minuti.

Una volta fermato il timer, togliete le patate e asciugatele con un canovaccio. Eliminare i succhi di cottura. Scaldare l'olio in una padella a fuoco medio. Aggiungere le patatine e cospargere con paprika, pepe di Caienna, timo, pepe nero e il sale rimanente. Mescolare per 7 minuti fino a quando le patate saranno dorate su tutti i lati.

Per preparare la maionese: mescolare bene il tuorlo d'uovo e metà dell'aceto. Versare lentamente l'olio vegetale, mescolando, fino a che liscio. Aggiungere l'aceto rimanente. Condire con sale e pepe e mescolare bene. Servire con patatine fritte.

Anatra burrosa e dolce

Preparazione + tempo di cottura: 7 ore e 10 minuti | Porzioni: 7)

Ingredienti:

2 libbre di ali d'anatra
2 cucchiai di zucchero
3 cucchiai di burro
1 cucchiaio di sciroppo d'acero
1 cucchiaino di pepe nero
1 cucchiaino di sale
1 cucchiaio di concentrato di pomodoro

Indirizzi:

Preparare un bagnomaria e mettervi il sottovuoto. Impostalo su 175F.

Sbattere gli ingredienti in una ciotola e allargare le ali con il composto. Mettete le ali in un sacchetto sottovuoto e versateci sopra il composto rimasto. Rilasciare l'aria utilizzando il metodo dello spostamento dell'acqua, sigillare e immergere la busta in un bagno d'acqua. Imposta il timer su 7 ore. Una volta fermato il timer, togliere il sacchetto e tagliare. Servire caldo.

igname al burro

Preparazione + tempo di cottura: 1 ora e 10 minuti | Porzioni: 4

ingredienti

1 libbra di igname, affettato

8 cucchiai di burro

½ tazza di panna

Sale a piacere

Indirizzi

Preparare un bagnomaria e mettervi il sottovuoto. Impostato su 186 F. Unisci panna, igname, sale kosher e burro. Mettere in un sacchetto sigillabile sottovuoto. Rilasciare l'aria con il metodo dello spostamento dell'acqua, sigillare e immergere la busta nel bagnomaria. Cuocere per 60 minuti.

Una volta fermato il timer, togliere la busta e versare il contenuto in un contenitore. Utilizzando un robot da cucina, frullare bene e servire.

Quiche di spinaci e funghi

Preparazione + cottura: 20 minuti | Porzioni: 2

Ingredienti:

1 tazza di funghi cremini freschi, affettati

1 tazza di spinaci freschi tritati

2 uova grandi, sbattute

2 cucchiai di latte intero

1 spicchio d'aglio, tritato

¼ tazza di parmigiano grattugiato

1 cucchiaio di burro

½ cucchiaino di sale

Indirizzi:

Lavate i funghi sotto l'acqua corrente fredda e tagliateli a fettine sottili. Accantonare. Lavate bene gli spinaci e tritateli grossolanamente.

In un sacchetto grande sottovuoto mettere i funghi, gli spinaci, il latte, l'aglio e il sale. Sigillare il sacchetto e cuocere sottovuoto per 10 minuti a 180 F.

Nel frattempo, sciogliere il burro in una pentola capiente a fuoco medio. Rimuovere il composto di verdure dal sacchetto e aggiungerlo in una casseruola. Cuocere per 1 minuto e poi aggiungere le uova sbattute. Mescolare bene fino ad incorporarlo e cuocere finché le uova non saranno solidificate. Cospargere con formaggio grattugiato e togliere dal fuoco per servire.

Mais al burro messicano

Preparazione + cottura: 40 minuti | Porzioni: 2

ingredienti

2 spighe di grano, sbucciate

2 cucchiai di burro freddo

Sale e pepe nero a piacere

¼ di tazza di maionese

½ cucchiaio di peperoncino in polvere alla messicana

½ cucchiaino di scorza di lime

¼ tazza di formaggio feta sbriciolato

¼ tazza di coriandolo fresco tritato

Fette di lime per servire

Indirizzi

Preparare un bagnomaria e mettervi il sottovuoto. Impostalo su 183 F.

Metti le pannocchie di mais e il burro in un sacchetto sottovuoto. Condire con sale e pepe. Rilasciare l'aria con il metodo dello spostamento dell'acqua, sigillare e immergere la busta nel bagnomaria. Cuocere per 30 minuti.

Una volta fermato il timer, rimuovere il mais. In un sacchetto mettere la maionese, la scorza di lime e il peperoncino in polvere. Agitare bene. Su un piatto mettiamo la feta. Ricoprire le pannocchie di mais con 1 cucchiaio di miscela di maionese e arrotolarle sul formaggio. Decorare con sale. Assistere.

Pere Con Formaggio E Noci

Preparazione + cottura: 55 minuti | Porzioni: 2

ingredienti

1 pera affettata

1 libbra di miele

½ tazza di noci

4 cucchiai di Grana Padano grattugiato

2 tazze di foglie di rucola

Sale e pepe nero a piacere

2 cucchiai di succo di limone

2 cucchiai di olio d'oliva

Indirizzi

Preparare un bagnomaria e mettervi il sottovuoto. Impostato su 158 F. Unisci miele e pere. Mettere in un sacchetto sigillabile sottovuoto. Rilasciare l'aria con il metodo dello spostamento dell'acqua, sigillare e immergere la busta nel bagnomaria. Cuocere per 45 minuti. Una volta fermato il timer, rimuovere il sacchetto e trasferirlo in un contenitore. Coprire con il condimento.

Purea di broccoli e formaggio blu

Preparazione + cottura: 1 ora e 40 minuti | Porzioni: 6

ingredienti

1 testa di broccoli, tagliata a cimette
3 cucchiai di burro
Sale e pepe nero a piacere
1 cucchiaio di prezzemolo
5 once di formaggio blu, sbriciolato

Indirizzi

Preparare un bagnomaria e mettervi il sottovuoto. Impostalo su 186F.

Metti i broccoli, il burro, il sale, il prezzemolo e il pepe nero in un sacchetto sottovuoto. Rilasciare l'aria con il metodo dello spostamento dell'acqua, sigillare e immergere la busta nel bagnomaria. Cuocere per 1 ora e 30 minuti.

Una volta fermato il timer, togliere il sacchetto e trasferirlo in un frullatore. Metti il formaggio all'interno e mescola ad alta velocità per 3-4 minuti fino a ottenere un composto omogeneo. Assistere.

Zucchine al curry

Preparazione + cottura: 40 minuti | Porzioni: 3

Ingredienti:

3 zucchine piccole, tagliate a dadini
2 cucchiaini di curry in polvere
1 cucchiaio di olio d'oliva
Sale e pepe nero a piacere
¼ di tazza di coriandolo

Indirizzi:

Fai un bagnomaria, mettici dentro Sous Vide e imposta a 185 F. Metti le zucchine in un sacchetto sottovuoto. Rilasciare l'aria con il metodo dello spostamento dell'acqua, sigillare e immergere la busta nel bagnomaria. Cuocere per 20 minuti. Una volta che il timer si è fermato, rimuovere e aprire la busta. Metti una padella a fuoco medio, aggiungi l'olio d'oliva. Una volta che sarà ben caldo, aggiungete le zucchine e il resto degli ingredienti elencati. Aggiustare di sale e far rosolare per 5 minuti. Servire come guarnizione.

Patate dolci al forno con noci

Preparazione + tempo di cottura: 3 ore e 45 minuti | Porzioni: 2

ingredienti

1 libbra di patate dolci, affettate
Sale a piacere
¼ tazza di noci
1 cucchiaio di olio di cocco

Indirizzi

Preparare un bagnomaria e mettervi il sottovuoto. Impostare a 146 F. Mettere le patate e il sale in un sacchetto sottovuoto. Rilasciare l'aria con il metodo dello spostamento dell'acqua, sigillare e immergere la busta nel bagnomaria. Cuocere per 3 ore. Scaldare una padella a fuoco medio e tostare le noci. Tritateli.

Preriscaldare la busta a 375 F e rivestire una teglia con carta pergamena. Una volta fermato il timer, togliete le patate e trasferitele sulla teglia. Cospargere con olio di cocco e infornare per 20-30 minuti. Mescolare una volta. Servire condito con noci tostate.

Barbabietole marinate piccanti

Preparazione + cottura: 50 minuti | Porzioni: 4

ingredienti

Barbabietole da 12 once, affettate
½ peperoncino jalapeno
1 spicchio d'aglio, tritato
2/3 tazza di aceto bianco
2/3 tazza d'acqua
2 cucchiai di spezie per decapaggio

Indirizzi

Preparare un bagnomaria e mettervi il sottovuoto. Impostare a 192 F. In 5 barattoli di vetro, unire il peperoncino jalapeno, le barbabietole e gli spicchi d'aglio.

Scaldare una pentola e far bollire il sottaceto, l'acqua e l'aceto bianco. Scolare e versare il composto di barbabietola all'interno dei vasetti. Sigillare e immergere i vasetti a bagnomaria. Cuocere per 40 minuti. Una volta fermato il timer, togliete i vasetti e lasciateli raffreddare. Assistere.

Mais Al Burro Piccante

Preparazione + cottura: 35 minuti | Porzioni: 5

ingredienti

5 cucchiai di burro
5 spighe di mais giallo, decorticate
1 cucchiaio di prezzemolo fresco
½ cucchiaino di pepe di cayenna
Sale a piacere

Indirizzi

Preparare un bagnomaria e mettervi il sottovuoto. Impostalo su 186F.

Metti 3 spighe di grano in ogni sacchetto sigillabile sottovuoto. Rilasciare l'aria con il metodo dello spostamento dell'acqua, sigillare e immergere i sacchetti nel bagnomaria. Cuocere per 30 minuti. Una volta fermato il timer, togliere il mais dai sacchetti e trasferirlo su un piatto. Guarnire con pepe di cayenna e prezzemolo.

Polpa di granchio con salsa al burro e lime

Preparazione + cottura: 70 minuti | Porzioni: 4

ingredienti

6 spicchi d'aglio, tritati
Scorza e succo di ½ lime
1 libbra di polpa di granchio
4 cucchiai di burro

Indirizzi

Preparare un bagnomaria e mettervi il sottovuoto. Impostare su 137 F. Unire accuratamente metà dell'aglio, la scorza di lime e metà del succo di lime. Accantonare. Metti la polpa di granchio, il burro e il composto di lime in un sacchetto sottovuoto. Rilasciare l'aria con il metodo dello spostamento dell'acqua, sigillare e immergere la busta nel bagnomaria. Cuocere per 50 minuti. Una volta fermato il timer, rimuovere il sacchetto. Eliminare i succhi di cottura.

Scaldare una casseruola a fuoco medio-basso e versare il burro rimanente, la miscela di lime rimanente e il succo di lime rimanente. Servire il granchio in 4 stampini, cosparsi di burro al lime.

Salmone veloce alla Nord

Preparazione + cottura: 30 minuti | Porzioni: 4

ingredienti

1 cucchiaio di olio d'oliva
4 filetti di salmone con pelle
Sale e pepe nero a piacere
Scorza e succo di 1 limone
2 cucchiai di senape gialla
2 cucchiaini di olio di sesamo

Indirizzi

Preparare un bagnomaria e inserirvi il sottovuoto. Impostare su 114 F. Condire il salmone con sale e pepe. Unisci la scorza e il succo del limone, l'olio e la senape. Metti il salmone in 2 sacchetti sottovuoto con la miscela di senape. Rilasciare l'aria con il metodo dello spostamento dell'acqua, sigillare e immergere i sacchetti nel bagno. Cuocere per 20 minuti. Scaldare l'olio di sesamo in una padella. Una volta fermato il timer, togliere il salmone e asciugarlo. Trasferisci il salmone nella padella e rosolalo per 30 secondi per lato.

Gustosa Trota con Senape e Salsa Tamari

Preparazione + cottura: 35 minuti | Porzioni: 4

ingredienti

¼ tazza di olio d'oliva

4 filetti di trota, senza pelle e affettati

½ tazza di salsa Tamari

¼ di tazza di zucchero di canna chiaro

2 spicchi d'aglio, tritati

1 cucchiaio di senape Coleman

Indirizzi

Preparare un bagnomaria e inserirvi il sottovuoto. Impostare a 130 F. Unire la salsa Tamari, lo zucchero di canna, l'olio d'oliva e l'aglio. Mettere la trota in un sacchetto sottovuoto con la miscela di tamari. Rilasciare l'aria con il metodo dello spostamento dell'acqua, sigillare e immergere la busta nel bagnomaria. Cuocere per 30 minuti.

Una volta fermato il timer, togliete la trota e asciugatela con un canovaccio. Eliminare i succhi di cottura. Guarnire con salsa tamari e senape e servire.

Tonno al sesamo con salsa allo zenzero

Preparazione + cottura: 45 minuti | Porzioni: 6

Ingredienti:

Tonno:

3 bistecche di tonno

Sale e pepe nero a piacere

⅓ tazza di olio d'oliva

2 cucchiai di olio di canola

½ tazza di semi di sesamo nero

½ tazza di semi di sesamo bianco

Salsa allo zenzero:

Zenzero grattugiato da 1 pollice

2 scalogni tritati

1 peperoncino rosso, tritato

3 cucchiai di acqua

2 ½ succo di limone

1 cucchiaio e mezzo di aceto di riso

2 cucchiai e mezzo di salsa di soia

1 cucchiaio di salsa di pesce

1 cucchiaio e mezzo di zucchero

1 mazzetto di foglie di lattuga verde

Indirizzi:

Iniziamo con la salsa: mettiamo una padella a fuoco basso e aggiungiamo l'olio d'oliva. Una volta che si sarà riscaldato, aggiungere lo zenzero e il peperoncino. Cuocere per 3 minuti Aggiungere lo zucchero e l'aceto, mescolare e cuocere finché lo zucchero non si scioglie. Aggiungi dell'acqua e porta a ebollizione. Aggiungere la salsa di soia, la salsa di pesce e il succo di limone e cuocere per 2 minuti. Lasciate raffreddare.

Fai un bagnomaria, mettici dentro Sous Vide e impostalo a 110 F. Condisci il tonno con sale e pepe e mettilo in 3 sacchetti separati sigillabili sottovuoto. Aggiungere l'olio d'oliva, rilasciare l'aria dal sacchetto utilizzando il metodo dello spostamento dell'acqua, sigillare e immergere il sacchetto nel bagnomaria. Imposta il timer su 30 minuti.

Una volta che il timer si è fermato, rimuovere e aprire la busta. A parte il tonno. Metti una padella a fuoco basso e aggiungi l'olio di canola. Mentre si scalda, mescolare i semi di sesamo in una ciotola. Asciugare il tonno, guarnirlo con i semi di sesamo e rosolarne la parte superiore e inferiore in olio bollente finché i semi iniziano a tostare.

Tagliare il tonno a listarelle sottili. Disporre un vassoio da portata con la lattuga e adagiare il tonno sul letto di lattuga. Servire con salsa allo zenzero come antipasto.

Involtini di granchio all'aglio e limone divini

Preparazione + cottura: 60 minuti | Porzioni: 4

ingredienti

4 cucchiai di burro

1 libbra di polpa di granchio cotta

2 spicchi d'aglio, tritati

Scorza e succo di ½ limone

½ tazza di maionese

1 bulbo di finocchio, tritato

Sale e pepe nero a piacere

4 panini, divisi, oliati e tostati

Indirizzi

Preparare un bagnomaria e inserirvi il sottovuoto. Impostato su 137 F. Unisci l'aglio, la scorza di limone e 1/4 di tazza di succo di limone. Mettete la polpa di granchio in un sacchetto sottovuoto con il composto di burro e limone. Rilasciare l'aria con il metodo dello spostamento dell'acqua, sigillare e immergere la busta nel bagnomaria. Cuocere per 50 minuti.

Una volta fermato il timer, rimuovere il sacchetto e trasferirlo in un contenitore. Eliminare i succhi di cottura. Unisci la polpa di granchio con il succo di limone rimasto, la maionese, il finocchio, l'aneto, il sale e il pepe. Riempire i panini con il composto di polpa di granchio prima di servire.

Polpo speziato carbonizzato con salsa al limone

Preparazione + tempo di cottura: 4 ore e 15 minuti | Porzioni: 4

ingredienti

5 cucchiai di olio d'oliva

Tentacoli di polpo da 1 libbra

Sale e pepe nero a piacere

2 cucchiai di succo di limone

1 cucchiaio di scorza di limone

1 cucchiaio di prezzemolo fresco tritato

1 cucchiaino di timo

1 cucchiaio di paprika

Indirizzi

Preparare un bagnomaria e mettervi il sottovuoto. Impostato su 179 F. Tagliare i tentacoli in lunghezze medie. Condire con sale e pepe. Mettere i pezzi con olio d'oliva in un sacchetto sottovuoto. Rilasciare l'aria con il metodo dello spostamento dell'acqua, sigillare e immergere la busta nel bagnomaria. Cuocere per 4 ore.

Una volta fermato il timer, togliete il polpo e asciugatelo con un canovaccio. Eliminare i succhi di cottura. Cospargere con olio d'oliva.

Scaldate una griglia a fuoco medio e scottate i tentacoli per 10-15 secondi per lato. Accantonare. Unisci bene il succo di limone, la scorza di limone, la paprika, il timo e il prezzemolo. Ricoprire il polpo con la salsa al limone.

Spiedini Di Gamberetti Creoli

Preparazione + cottura: 50 minuti | Porzioni: 4

ingredienti

Scorza e succo di 1 limone

6 cucchiai di burro

2 spicchi d'aglio, tritati

Sale e pepe bianco a piacere

1 cucchiaio di condimento creolo

1½ libbre di gamberetti, sgusciati

1 cucchiaio di aneto fresco tritato + per decorare

Fette di limone

Indirizzi

Preparare un bagnomaria e mettervi il sottovuoto. Impostalo su 137F.

Sciogliere il burro in una casseruola a fuoco medio e aggiungere l'aglio, il condimento creolo, la scorza e il succo di limone, sale e pepe. Cuocere per 5 minuti finché il burro non si scioglie. Prenota e lascia raffreddare.

Mettete i gamberetti in un sacchetto sottovuoto con il composto di burro. Rilasciare l'aria con il metodo dello spostamento dell'acqua, sigillare e immergere la busta nel bagnomaria. Cuocere per 30 minuti.

Una volta fermato il timer, togliete i gamberi e asciugateli con un canovaccio. Eliminare i succhi di cottura. Infilare i gamberetti sugli spiedini e guarnire con aneto e spremere il limone per servire.

Gamberetti Con Salsa Piccante

Preparazione + tempo di cottura: 40 minuti + tempo di raffreddamento | Porzioni: 5

ingredienti

2 libbre di gamberetti, privati e sbucciati
1 tazza di passata di pomodoro
2 cucchiai di salsa al rafano
1 cucchiaino di succo di limone
1 cucchiaino di salsa Tabasco
Sale e pepe nero a piacere

Indirizzi

Preparare un bagnomaria e inserirvi il sottovuoto. Impostare su 137 F. Mettere i gamberetti in un sacchetto sigillabile sottovuoto. Rilasciare l'aria con il metodo dello spostamento dell'acqua, sigillare e immergere il sacchetto nel bagno. Cuocere per 30 minuti.

Una volta fermato il timer, rimuovere la busta e trasferirla in un bagno di acqua ghiacciata per 10 minuti. Lasciare raffreddare in frigorifero per 1-6 ore. Unisci bene la passata di pomodoro, la salsa di rafano, la salsa di soia, il succo di limone, la salsa Tabasco, sale e pepe. Servire i gamberi con la salsa.

Halibut con scalogno e dragoncello

Preparazione + cottura: 50 minuti | Porzioni: 2

Ingredienti:

2 libbre di filetti di ippoglosso
3 rametti di foglie di dragoncello
1 cucchiaino di aglio in polvere
1 cucchiaino di cipolla in polvere
Sale e pepe bianco a piacere
2 cucchiaini e mezzo + 2 cucchiaini di burro
2 scalogni, sbucciati e tagliati a metà
2 rametti di timo
Fette di limone per decorare

Indirizzi:

Fare un bagnomaria, mettervi sottovuoto e impostarlo a 124 F. Tagliare i filetti di ippoglosso in 3 pezzi ciascuno e strofinarli con sale, aglio in polvere, cipolla in polvere e pepe. Metti i filetti, il dragoncello e 2 cucchiaini e mezzo di burro in 3 diversi sacchetti sottovuoto. Rilasciare l'aria utilizzando il metodo dello spostamento dell'acqua e sigillare i sacchetti. Metterli a bagnomaria e cuocere per 40 minuti.

Una volta fermato il timer, rimuovere e aprire i sacchetti. Mettete una padella sul fuoco basso e aggiungete il burro rimanente. Una volta caldo, togliete la pelle dall'ippoglosso e asciugatelo. Aggiungere l'ippoglosso con scalogno e timo e rosolare il fondo e la parte superiore fino a renderli croccanti. Decorare con fettine di limone. Servire con un contorno di verdure al vapore.

Merluzzo al limone e burro alle erbe

Preparazione + cottura: 37 minuti | Porzioni: 6

ingredienti

8 cucchiai di burro

6 filetti di merluzzo

Sale e pepe nero a piacere

Scorza di ½ limone

1 cucchiaio di aneto fresco tritato

½ cucchiaio di erba cipollina fresca tritata

½ cucchiaio di basilico fresco tritato

½ cucchiaio di salvia fresca tritata

Indirizzi

Preparare un bagnomaria e mettervi il sottovuoto. Impostare su 134 F. Condire il merluzzo con sale e pepe. Mettete il merluzzo e la scorza di limone in un sacchetto sottovuoto.

In un sacchetto separato sottovuoto mettere il burro, metà dell'aneto, l'erba cipollina, il basilico e la salvia. Rilasciare l'aria utilizzando il metodo dello spostamento dell'acqua, sigillare e immergere entrambe le buste nel bagnomaria. Cuocere per 30 minuti.

Una volta fermato il timer, togliete il baccalà e asciugatelo con un canovaccio. Eliminare i succhi di cottura. Togliere il burro dall'altra busta e versarlo sul baccalà. Guarnire con l'aneto rimanente.

Cernia con Beurre Nantais

Preparazione + cottura: 45 minuti | Porzioni: 6

Ingredienti:

Cernia:

2 libbre di ippoglosso, tagliato in 3 pezzi ciascuno

1 cucchiaino di cumino in polvere

½ cucchiaino di aglio in polvere

½ cucchiaino di cipolla in polvere

½ cucchiaino di coriandolo in polvere

¼ di tazza di condimento per pesce

¼ di tazza di olio di noci

Sale e pepe bianco a piacere

Beurre Blanc:

1 libbra di burro

2 cucchiai di aceto di mele

2 scalogni tritati

1 cucchiaino di grani di pepe tritati

5 once di panna pesante,

Sale a piacere

2 rametti di aneto

1 cucchiaio di succo di limone

1 cucchiaio di zafferano in polvere

Indirizzi:

Fare un bagnomaria, mettervi sottovuoto e impostare a 132 F. Condire i pezzi di cernia con sale e pepe bianco. Mettere in un sacchetto sottovuoto, rilasciare l'aria con il metodo dello spostamento dell'acqua, sigillare e immergere il sacchetto nel bagnomaria. Imposta il timer su 30 minuti. Mescolare cumino, aglio, cipolla, coriandolo e condimento per il pesce. Accantonare.

Nel frattempo preparate il burro bianco. Metti una padella a fuoco medio e aggiungi lo scalogno, l'aceto e il pepe in grani. Cuocere fino ad ottenere uno sciroppo. Ridurre la fiamma al minimo e aggiungere il burro, sbattendo continuamente. Aggiungere l'aneto, il succo di limone e lo zafferano in polvere, mescolare continuamente e cuocere per 2 minuti. Aggiungere la panna e aggiustare di sale. Cuocere per 1 minuto. Spegnere il fuoco e mettere da parte.

Una volta che il timer si è fermato, rimuovere e aprire la busta. Metti una padella a fuoco medio, aggiungi l'olio di noci. Asciugare la cernia e il condimento con il composto di spezie e farli rosolare nell'olio caldo. Servire la cernia e il beurre nantais con un contorno di spinaci al vapore.

scaglie di tonno

Preparazione + cottura: 1 ora e 45 minuti | Porzioni: 4

Ingredienti:

Bistecca di tonno da ¼ di libbra

1 cucchiaino di foglie di rosmarino

1 cucchiaino di foglie di timo

2 tazze di olio d'oliva

1 spicchio d'aglio, tritato

Indirizzi:

Fare un bagnomaria, mettervi sottovuoto e impostare a 135 F. Mettere nel sacchetto sottovuoto il trancio di tonno, il sale, il rosmarino, l'aglio, il timo e due cucchiai di olio. Rilasciare l'aria con il metodo dello spostamento dell'acqua, sigillare e immergere la busta nel bagnomaria. Imposta il timer su 1 ora e 30 minuti.

Una volta fermato il timer, rimuovere il sacchetto. Mettete il tonno in una ciotola e tenete da parte. Mettere una padella a fuoco alto, aggiungere l'olio d'oliva rimanente. Una volta riscaldato, versatelo sul tonno. Tritare il tonno con due forchette.

Trasferire e conservare in un contenitore ermetico con olio d'oliva per un massimo di una settimana. Servire nelle insalate.

Capesante al burro

Preparazione + cottura: 55 minuti | Porzioni: 3

Ingredienti:

Capesante da ½ libbra

3 cucchiaini di burro (2 cucchiaini per cucinare + 1 cucchiaino per dorare)

Sale e pepe nero a piacere

Indirizzi:

Fare un bagnomaria, mettervi sottovuoto e impostare a 140 F. Asciugare le capesante con un tovagliolo di carta. Metti le capesante, il sale, 2 cucchiai di burro e il pepe in un sacchetto sottovuoto. Rilasciare l'aria utilizzando il metodo dello spostamento dell'acqua, sigillare e immergere la busta nel bagnomaria e impostare il timer per 40 minuti.

Una volta che il timer si è fermato, rimuovere e aprire la busta. Asciugare le capesante con carta assorbente e mettere da parte. Metti una padella a fuoco medio e il burro rimanente. Una volta sciolte, rosolare le capesante su entrambi i lati fino a doratura. Servire con un contorno di verdure miste al burro.

Sardine alla menta

Preparazione + tempo di cottura: 1 ora e 20 minuti | Porzioni: 3

Ingredienti:

2 chili di sarde
¼ tazza di olio d'oliva
3 spicchi d'aglio, schiacciati
1 limone grande, appena spremuto
2 rametti di menta fresca
Sale e pepe nero a piacere

Indirizzi:

Lavare e pulire ogni pesce, conservando la pelle. Asciugare con carta da cucina.

In una ciotola capiente, unire l'olio d'oliva con l'aglio, il succo di limone, la menta fresca, il sale e il pepe. Mettete le sarde in un grande sacchetto sottovuoto insieme alla marinata. Cuocere a bagnomaria per un'ora a 104 F. Togliere dal bagno e scolare ma conservare la salsa. Irrorare il pesce con la salsa e cuocere a vapore il porro.

Orata al Vino Bianco

Preparazione + cottura: 2 ore | Porzioni: 2

Ingredienti:

1 libbra di orata, spessa circa 1 pollice, pulita

1 tazza di olio extra vergine di oliva

Succo di 1 limone

1 cucchiaio di zucchero

1 cucchiaio di rosmarino essiccato

½ cucchiaio di origano secco

2 spicchi d'aglio, schiacciati

½ bicchiere di vino bianco

1 cucchiaino di sale marino

Indirizzi:

Unisci l'olio d'oliva con il succo di limone, lo zucchero, il rosmarino, l'origano, l'aglio schiacciato, il vino e il sale in una ciotola capiente. Immergere il pesce in questa miscela e marinare per un'ora in frigorifero. Togliere dal frigorifero e scolare ma conservare il liquido per servire. Mettete i filetti in un grande sacchetto sigillabile sottovuoto e sigillatelo. Cuocere in Sous Vide per 40 minuti a 122 F. Irrorare la marinata rimanente sui filetti e servire.

Insalata di salmone e cavolo riccio con avocado

Preparazione + cottura: 1 ora | Porzioni: 3

Ingredienti:

Filetto di salmone senza pelle da 1 libbra
Sale e pepe nero a piacere
½ limone biologico, spremuto
1 cucchiaio di olio d'oliva
1 tazza di foglie di cavolo riccio, tritate
½ tazza di carote arrostite, affettate
½ avocado maturo, tagliato a cubetti
1 cucchiaio di aneto fresco
1 cucchiaio di foglie di prezzemolo fresco

Indirizzi:

Condire la bistecca con sale e pepe su entrambi i lati e riporla in un grande sacchetto sottovuoto. Sigillare il sacchetto e cuocere sottovuoto per 40 minuti a 122 F. Togliere il salmone dal bagnomaria e mettere da parte.

Sbattere il succo di limone, un pizzico di sale e pepe nero in una ciotola e aggiungere gradualmente l'olio d'oliva continuando a mescolare. Aggiungere il cavolo riccio tritato e mescolare per ricoprire uniformemente la vinaigrette. Aggiungere le carote arrostite, gli avocado, l'aneto e il prezzemolo. Mescolare delicatamente per unire. Trasferire in una ciotola da portata e servire con il salmone sopra.

Salmone allo zenzero

Preparazione + cottura: 45 minuti | Porzioni: 4

Ingredienti:

4 filetti di salmone, con la pelle

2 cucchiaini di olio di sesamo

1 ½ olio d'oliva

2 cucchiai di zenzero grattugiato

2 cucchiai di zucchero

Indirizzi:

Preparare un bagnomaria, inserirvi Sous Vide e impostare a 124F. Condire il salmone con sale e pepe. Metti l'ingrediente rimanente dalla lista in una ciotola e mescola.

Posizionare il composto di salmone e zucchero in due sacchetti sigillabili sottovuoto, rilasciare l'aria utilizzando il metodo dello spostamento dell'acqua, sigillare e immergere il sacchetto nel bagnomaria. Imposta il timer su 30 minuti.

Una volta che il timer si è fermato, rimuovere e aprire la busta. Metti una padella a fuoco medio, metti un pezzo di carta da forno sul fondo e preriscalda. Aggiungere il salmone, con la pelle rivolta verso il basso, e rosolarlo per 1 minuto ciascuno. Servire con un contorno di broccoli al burro.

Cozze in succo di lime fresco

Preparazione + cottura: 40 minuti | Porzioni: 2

Ingredienti:

1 libbra di cozze fresche, diliscate
1 cipolla media, sbucciata e tritata finemente
spicchi d'aglio schiacciati
½ tazza di succo di limone appena spremuto
¼ di tazza di prezzemolo fresco, tritato finemente
1 cucchiaio di rosmarino tritato finemente
2 cucchiai di olio d'oliva

Indirizzi:

Mettete le cozze in un grande sacchetto sottovuoto insieme al succo di limone, all'aglio, alla cipolla, al prezzemolo, al rosmarino e all'olio d'oliva. Cuocere in Sous Vide per 30 minuti a 122 F. Servire con insalata verde.

Tranci di tonno marinati alle erbe

Preparazione + cottura: 1 ora e 25 minuti | Porzioni: 5

Ingredienti:

2 libbre di filetti di tonno, spessi circa 1 pollice
1 cucchiaino di timo secco, macinato
1 cucchiaino di basilico fresco, tritato finemente
¼ di tazza di scalogno tritato finemente
2 cucchiai di prezzemolo fresco, tritato finemente
1 cucchiaio di aneto fresco, tritato finemente
1 cucchiaino di scorza di limone appena grattugiata
½ tazza di semi di sesamo
4 cucchiai di olio d'oliva
Sale e pepe nero a piacere

Indirizzi:

Lavate i filetti di tonno sotto l'acqua corrente fredda e asciugateli con carta da cucina. Accantonare.

In una grande ciotola, unire il timo, il basilico, lo scalogno, il prezzemolo, l'aneto, l'olio, il sale e il pepe. Mescolare fino a incorporarli bene, quindi immergere i filetti in questa marinata. Coprire bene e conservare in frigorifero per 30 minuti.

Mettete i filetti in un grande sacchetto sigillabile sottovuoto insieme alla marinata. Premere il sacchetto per rimuovere l'aria e sigillare il coperchio. Cuocere in sottovuoto per 40 minuti a 131 gradi.

Togliete i filetti dal sacchetto e trasferiteli su carta da cucina. Asciugare delicatamente ed eliminare le erbe. Preriscaldare una padella a fuoco alto. Arrotolare i filetti nei semi di sesamo e trasferirli nella padella. Cuocere per 1 minuto su ciascun lato e togliere dal fuoco.

Empanadas di carne di granchio

Preparazione + cottura: 65 minuti | Porzioni: 4

Ingredienti:

1 libbra di polpa di granchio, tagliata a pezzi
1 tazza di cipolle rosse tritate finemente
½ tazza di peperoni rossi tritati finemente
2 cucchiai di peperoncino, tritato finemente
1 cucchiaio di foglie di sedano tritate finemente
1 cucchiaio di foglie di prezzemolo tritato finemente
½ cucchiaino di dragoncello, tritato finemente
Sale e pepe nero a piacere
4 cucchiai di olio d'oliva
2 cucchiai di farina di mandorle
3 uova sbattute

Indirizzi:

Scaldare 2 cucchiai di olio d'oliva in una padella e aggiungere le cipolle. Rosolare fino a quando diventa traslucido e aggiungere i peperoni rossi e il peperoncino tritati. Cuocere per 5 minuti, mescolando continuamente.

Trasferire in una grande ciotola. Aggiungere la polpa di granchio, il sedano, il prezzemolo, il dragoncello, il sale, il pepe, la farina di mandorle e le uova. Mescolare bene e modellare il composto in polpette di 2 pollici di diametro. Dividere delicatamente gli hamburger in 2 sacchetti sottovuoto e sigillarli. Cuocere sottovuoto per 40 minuti a 122 F.

Scaldare l'olio d'oliva rimanente in una padella antiaderente a fuoco alto. Rimuovere gli hamburger dal bagnomaria e trasferirli nella padella. Rosolare brevemente su entrambi i lati per 3-4 minuti e servire.

Fonderie di peperoncino

Preparazione + tempo di cottura: 1 ora e 15 minuti | Porzioni: 5

Ingredienti:

1 libbra di aromi freschi

½ tazza di succo di limone

3 spicchi d'aglio, schiacciati

1 cucchiaino di sale

1 tazza di olio extra vergine di oliva

2 cucchiai di aneto fresco, tritato finemente

1 cucchiaio di erba cipollina, tritata

1 cucchiaio di peperoncino macinato

Indirizzi:

Sciacquare i prodotti fusi sotto acqua corrente fredda e scolarli. Accantonare.

In una ciotola capiente, unire l'olio d'oliva con il succo di limone, l'aglio schiacciato, il sale marino, l'aneto tritato finemente, l'erba cipollina tritata e il peperoncino. Mettete gli aromi in questo composto e coprite. Conservare in frigorifero per 20 minuti.

Togliere dal frigorifero e riporre in un grande sacchetto sottovuoto insieme alla marinata. Cuocere sottovuoto per 40 minuti a 104 F. Togliere dal bagnomaria e scolare ma riservare il liquido.

Scaldare una padella grande a fuoco medio. Aggiungete gli aromi e fate cuocere brevemente, per 3-4 minuti, girandoli. Togliere dal fuoco e trasferire su un piatto da portata. Irrorare con la marinata e servire immediatamente.

Filetti Di Pesce Gatto Marinati

Preparazione + tempo di cottura: 1 ora e 20 minuti | Porzioni: 3

Ingredienti:

Filetto di pesce gatto da 1 libbra

½ tazza di succo di limone

½ tazza di foglie di prezzemolo, tritate finemente

2 spicchi d'aglio, schiacciati

1 tazza di cipolle tritate finemente

1 cucchiaio di aneto fresco, tritato finemente

1 cucchiaio di foglie di rosmarino fresco, tritate finemente

2 tazze di succo di mela appena spremuto

2 cucchiai di senape di Digione

1 tazza di olio extra vergine di oliva

Indirizzi:

In una ciotola capiente, unire il succo di limone, le foglie di prezzemolo, l'aglio schiacciato, le cipolle tritate finemente, l'aneto fresco, il rosmarino, il succo di mela, la senape e l'olio d'oliva. Sbattere fino a quando non sarà ben incorporato. Immergete i filetti in questo composto e coprite con un coperchio ben aderente. Conservare in frigorifero per 30 minuti.

Togliere dal frigorifero e riporre in 2 sacchetti sottovuoto. Sigillare e cuocere sottovuoto per 40 minuti a 122 F. Rimuovere e scolare; prenotare il liquido. Servire irrorato con il proprio liquido.

Gamberi con Prezzemolo e Limone

Preparazione + cottura: 35 minuti | Porzioni: 4

Ingredienti:

12 gamberoni grandi, sgusciati e privati dei bordi
1 cucchiaino di sale
1 cucchiaino di zucchero
3 cucchiaini di olio d'oliva
1 foglia di alloro
1 rametto di prezzemolo tritato
2 cucchiai di scorza di limone
1 cucchiaio di succo di limone

Indirizzi:

Fare un bagnomaria, mettervi sottovuoto e impostare a 156 F. In una ciotola, aggiungere i gamberi, il sale e lo zucchero, mescolare e lasciare riposare per 15 minuti. Mettete i gamberi, l'alloro, l'olio d'oliva e la scorza di limone in un sacchetto sottovuoto. Rilasciare l'aria con il metodo dello spostamento dell'acqua e sigillare. Immergere nella vasca da bagno e cuocere per 10 minuti, una volta fermato il timer, estrarre e aprire il sacchetto. Servire i gamberi e irrorarli con il succo di limone.

Halibut sottovuoto

Preparazione + tempo di cottura: 1 ora e 20 minuti | Porzioni: 4

Ingredienti:

Filetti di ippoglosso da 1 libbra
3 cucchiai di olio d'oliva
¼ di tazza di scalogno tritato finemente
1 cucchiaino di scorza di limone appena grattugiata
½ cucchiaino di timo secco, macinato
1 cucchiaio di prezzemolo fresco, tritato finemente
1 cucchiaino di aneto fresco, tritato finemente
Sale e pepe nero a piacere

Indirizzi:

Lavate il pesce sotto acqua corrente fredda e asciugatelo con carta da cucina. Tagliatela a fettine sottili e cospargetela generosamente di sale e pepe. Mettetelo in un grande sacchetto sottovuoto e aggiungete due cucchiai di olio d'oliva. Condire con scalogno, timo, prezzemolo, aneto, sale e pepe.

Premere il sacchetto per rimuovere l'aria e sigillare il coperchio. Agitare la busta per ricoprire tutti i filetti con le spezie e conservare in frigorifero per 30 minuti prima della cottura. Cuocere sottovuoto per 40 minuti a 131 F.

Togliere il sacchetto dall'acqua e lasciarlo raffreddare per un po'. Disporre su carta da cucina e scolare. Togliere le erbe.

Preriscaldare l'olio rimanente in una padella capiente a fuoco alto. Aggiungere i filetti e cuocere per 2 minuti. Girare i filetti e cuocerli per circa 35-40 secondi e poi togliere dal fuoco. Trasferisci il pesce su un tovagliolo di carta e scola il grasso in eccesso. Servire immediatamente.

Suola al burro e limone

Preparazione + cottura: 45 minuti | Porzioni: 3

Ingredienti:

3 filetti di sogliola

1 cucchiaio e mezzo di burro non salato

¼ tazza di succo di limone

½ cucchiaino di scorza di limone

Pepe al limone a piacere

1 rametto di prezzemolo per decorare

Indirizzi:

Fare un bagnomaria, mettervi sottovuoto e impostare a 132 F. Asciugare la piastra e posizionarla in 3 sacchetti separati sigillabili sottovuoto. Rilasciare l'aria utilizzando il metodo dello spostamento dell'acqua e sigillare i sacchetti. Immergiti nel bagnomaria e imposta il timer su 30 minuti.

Metti una padella piccola a fuoco medio, aggiungi il burro. Una volta sciolto, togliere dal fuoco. Aggiungere il succo di limone e la scorza di limone e mescolare.

Una volta che il timer si è fermato, rimuovere e aprire la busta. Trasferire i filetti di sogliola nei piatti da portata, condire con salsa al burro e guarnire con prezzemolo. Servire con un contorno di verdure al vapore.

Spezzatino di merluzzo al basilico

Preparazione + cottura: 50 minuti | Porzioni: 4

Ingredienti:

Filetto di merluzzo da 1 libbra

1 tazza di pomodori arrostiti al fuoco

1 cucchiaio di basilico essiccato

1 tazza di brodo di pesce

2 cucchiai di concentrato di pomodoro

3 gambi di sedano tritati finemente

1 carota affettata

¼ tazza di olio d'oliva

1 cipolla tritata finemente

½ tazza di funghi

Indirizzi:

Scaldare l'olio d'oliva in una padella capiente a fuoco medio. Aggiungere sedano, cipolla e carota. Far rosolare per 10 minuti. Togliere dal fuoco e trasferire in un sacchetto sottovuoto insieme agli altri ingredienti. Cuocere sottovuoto per 40 minuti a 122 F.

tilapia facile

Preparazione + tempo di cottura: 1 ora e 10 minuti | Porzioni: 3

ingredienti

3 filetti di tilapia (4 once).
3 cucchiai di burro
1 cucchiaio di aceto di mele
Sale e pepe nero a piacere

Indirizzi:

Fai un bagnomaria, mettici dentro Sous Vide e imposta a 124 F. Condisci la tilapia con pepe e sale e mettila in un sacchetto sottovuoto. Rilasciare l'aria utilizzando il metodo dello spostamento dell'acqua e sigillare il sacchetto. Immergilo nel bagnomaria e imposta il timer per 1 ora.

Una volta che il timer si è fermato, rimuovere e aprire la busta. Metti una padella a fuoco medio e aggiungi il burro e l'aceto. Cuocere a fuoco basso e mescolare continuamente per ridurre della metà l'aceto. Aggiungere la tilapia e rosolarla leggermente. Condite con sale e pepe a piacere. Servire con un contorno di verdure al burro.

Salmone Con Asparagi

Preparazione + tempo di cottura: 3 ore e 15 minuti | Porzioni: 6

Ingredienti:

Filetto di salmone selvatico da 1 libbra
1 cucchiaio di olio d'oliva
1 cucchiaio di origano secco
12 asparagi medi
4 anelli di cipolla bianca
1 cucchiaio di prezzemolo fresco
Sale e pepe nero a piacere

Indirizzi:

Condire la bistecca con origano, sale e pepe su entrambi i lati e spennellare leggermente con olio d'oliva.

Mettere in un grande sottovuoto sigillabile insieme agli altri ingredienti. Unisci tutte le spezie in una ciotola. Strofinare il composto uniformemente su entrambi i lati della bistecca e riporlo in un grande sacchetto sigillabile sottovuoto. Sigillare il sacchetto e cuocere sottovuoto per 3 ore a 136 F.

Sgombro al curry

Preparazione + cottura: 55 minuti | Porzioni: 3

Ingredienti:

3 filetti di sgombro senza testa
3 cucchiai di pasta di curry
1 cucchiaio di olio d'oliva
Sale e pepe nero a piacere

Indirizzi:

Fare un bagnomaria, mettervi sottovuoto e impostare a 120 F. Condire lo sgombro con pepe e sale e metterlo in un sacchetto sottovuoto. Rilasciare l'aria utilizzando il metodo dello spostamento dell'acqua, sigillare e immergere nel bagnomaria e impostare il timer per 40 minuti.

Una volta che il timer si è fermato, rimuovere e aprire la busta. Metti una padella a fuoco medio, aggiungi l'olio d'oliva. Ricoprire lo sgombro con il curry in polvere (non asciugare lo sgombro)

Una volta riscaldato, aggiungere gli sgombri e rosolarli fino a doratura, servire con un contorno di verdure in foglia cotte al vapore.

Calamari al rosmarino

Preparazione + cottura: 1 ora e 15 minuti | Porzioni: 3

Ingredienti:

1 libbra di calamari freschi, interi
½ bicchiere di olio extra vergine di oliva
1 cucchiaio di sale rosa dell'Himalaya
1 cucchiaio di rosmarino essiccato
3 spicchi d'aglio, schiacciati
3 pomodorini, tagliati a metà

Indirizzi:

Sciacquate bene ogni calamaro sotto l'acqua corrente. Utilizzando un coltello affilato, eliminate le teste e pulite ogni calamaro.

In una ciotola capiente, unire l'olio d'oliva con sale, rosmarino essiccato, pomodorini e aglio schiacciato. Immergere i calamari in questa miscela e conservare in frigorifero per 1 ora. Quindi rimuovere e scolare. Mettete i calamari e i pomodorini in un grande sacchetto sottovuoto. Cuocere sottovuoto per un'ora a 136 F.

Gamberetti Fritti Al Limone

Preparazione + cottura: 50 minuti | Porzioni: 3

Ingredienti:

1 libbra di gamberi, sbucciati e privati dei peli
3 cucchiai di olio d'oliva
½ tazza di succo di limone appena spremuto
1 spicchio d'aglio schiacciato
1 cucchiaino di rosmarino fresco, tritato
1 cucchiaino di sale marino

Indirizzi:

Unisci l'olio d'oliva con il succo di limone, l'aglio schiacciato, il rosmarino e il sale. Usando un pennello da cucina, distribuisci il composto su ogni gambero e mettilo in un grande sacchetto sottovuoto. Cuocere sottovuoto per 40 minuti a 104 F.

Grigliata di polpo

Preparazione + tempo di cottura: 5 ore e 20 minuti | Porzioni: 3

Ingredienti:

½ libbra di tentacoli di polpo medi, sbollentati
Sale e pepe nero a piacere
3 cucchiaini + 3 cucchiai di olio d'oliva
2 cucchiaini di origano secco
2 rametti di prezzemolo fresco, tritato
Ghiaccio per un bagno di ghiaccio

Indirizzi:

Fare un bagnomaria, mettervi sottovuoto e impostare a 171 F.

Mettete il polpo, il sale, 3 cucchiaini di olio d'oliva e il pepe in un sacchetto sottovuoto. Rilasciare l'aria con il metodo dello spostamento dell'acqua, sigillare e immergere la busta in un bagno d'acqua. Imposta il timer su 5 ore.

Una volta fermato il timer, rimuovere il sacchetto e coprirlo con un bagno di ghiaccio. Accantonare. Preriscaldare una griglia.

Una volta che la griglia sarà ben calda, trasferite il polpo in un piatto, aggiungete 3 cucchiai di olio d'oliva e massaggiate. Grigliare il polpo in modo che bruci bene su ogni lato. Servire il polpo e decorare con prezzemolo e origano. Servire con una salsa dolce e speziata.

Filetti di salmone selvatico

Preparazione + cottura: 1 ora e 25 minuti | Porzioni: 4

Ingredienti:

2 libbre di filetti di salmone selvatico

3 spicchi d'aglio, schiacciati

1 cucchiaio di rosmarino fresco, tritato finemente

1 cucchiaio di succo di limone appena spremuto

1 cucchiaio di succo d'arancia appena spremuto

1 cucchiaino di scorza d'arancia

1 cucchiaino di sale rosa dell'Himalaya

1 tazza di brodo di pesce

Indirizzi:

Unisci il succo d'arancia con il succo di limone, il rosmarino, l'aglio, la scorza d'arancia e il sale. Spennellare il composto su ogni bistecca e conservare in frigorifero per 20 minuti. Trasferire in un sacchetto grande sottovuoto e aggiungere il brodo di pesce. Sigillare il sacchetto e cuocere sottovuoto per 50 minuti a 131 F.

Preriscaldare una grande padella antiaderente. Togliere i filetti dal sacchetto sottovuoto e grigliarli per 3 minuti per lato, fino a quando saranno leggermente carbonizzati.

stufato di tilapia

Preparazione + cottura: 65 minuti | Porzioni: 3

Ingredienti:

Filetti di tilapia da 1 libbra

½ tazza di cipolle tritate finemente

1 tazza di carote tritate finemente

½ tazza di foglie di coriandolo tritate finemente

3 spicchi d'aglio tritati finemente

1 tazza di peperoni verdi, tritati finemente

1 cucchiaino di miscela di condimenti italiana

1 cucchiaino di pepe di cayenna

½ cucchiaino di peperoncino

1 tazza di succo di pomodoro fresco

Sale e pepe nero a piacere

3 cucchiai di olio d'oliva

Indirizzi:

Scaldare l'olio d'oliva a fuoco medio. Aggiungere le cipolle tritate e farle rosolare fino a quando diventano traslucide.

Ora aggiungi peperone, carote, aglio, coriandolo, mix di condimenti italiani, pepe di cayenna, peperoncino, sale e pepe nero. Mescolare bene e cuocere per altri dieci minuti.

Togliere dal fuoco e trasferire in un grande sacchetto sottovuoto insieme al succo di pomodoro e ai filetti di tilapia. Cuocere sottovuoto per 50 minuti a 122 F. Togliere dal bagnomaria e servire.

Cardiole burrose con grani di pepe

Preparazione + cottura: 1 ora e 30 minuti | Porzioni: 2

Ingredienti:

vongole in scatola da 4 once

¼ di bicchiere di vino bianco secco

1 gambo di sedano tagliato a cubetti

1 pastinaca tagliata a cubetti

1 scalogno, tagliato in quarti

1 foglia di alloro

1 cucchiaio di pepe nero in grani

1 cucchiaio di olio d'oliva

8 cucchiai di burro a temperatura ambiente

1 cucchiaio di prezzemolo fresco tritato

2 spicchi d'aglio, tritati

Sale a piacere

1 cucchiaino di pepe nero appena macinato

¼ di tazza di pangrattato panko

1 baguette, affettata

Indirizzi:

Preparare un bagnomaria e mettervi il sottovuoto. Impostare a 154 F. Mettere le vongole, lo scalogno, il sedano, la pastinaca, il vino, il pepe in grani, l'olio d'oliva e l'alloro in un sacchetto sottovuoto. Rilasciare l'aria con il metodo dello spostamento dell'acqua, sigillare e immergere la busta nel bagnomaria. Cuocere per 60 minuti.

Usando un mixer, versare il burro, il prezzemolo, il sale, l'aglio e il pepe macinato. Mescolare a velocità media fino ad ottenere un composto omogeneo. Mettete il composto in un sacchetto di plastica e arrotolatelo. Trasferire in frigorifero e lasciare raffreddare.

Una volta fermato il timer, rimuovere le lumache e le verdure. Eliminare i succhi di cottura. Scaldare una padella a fuoco alto. Ricoprire le vongole con il burro, spolverarle con un po' di pangrattato e cuocere per 3 minuti finché non saranno sciolte. Servire con fette di baguette calde.

Trota al coriandolo

Preparazione + cottura: 60 minuti | Porzioni: 4

Ingredienti:

2 libbre di trote, 4 pezzi

5 spicchi d'aglio

1 cucchiaio di sale marino

4 cucchiai di olio d'oliva

1 tazza di foglie di coriandolo tritate finemente

2 cucchiai di rosmarino tritato finemente

¼ di tazza di succo di limone appena spremuto

Indirizzi:

Pulite e sciacquate bene il pesce. Asciugare con carta da cucina e strofinare con sale. Unisci l'aglio con olio d'oliva, coriandolo, rosmarino e succo di limone. Utilizzare il composto per riempire ogni pesce. Collocare in sacchetti separati sigillabili sottovuoto e sigillare. Cuocere in Sous Vide per 45 minuti a 131 F.

Anelli di calamaro

Preparazione + cottura: 1 ora e 25 minuti | Porzioni: 3

Ingredienti:

2 tazze di anelli di calamari
1 cucchiaio di rosmarino fresco
Sale e pepe nero a piacere
½ tazza di olio d'oliva

Indirizzi:

Unisci gli anelli di calamaro con rosmarino, sale, pepe e olio d'oliva in un grande sacchetto di plastica pulito. Sigillare il sacchetto e agitare alcune volte per ricoprirlo bene. Trasferire in una grande macchina per sottovuoto e sigillare il sacchetto. Cuocere sottovuoto per 1 ora e 10 minuti a 131 F. Togliere dal bagnomaria e servire.

Insalata di avocado e gamberetti con peperoncino

Preparazione + cottura: 45 minuti | Porzioni: 4

Ingredienti:

1 cipolla rossa tritata

Succo di 2 limoni

1 cucchiaino di olio d'oliva

¼ cucchiaino di sale marino

⅛ cucchiaino di pepe bianco

1 libbra di gamberetti crudi, sbucciati e privati dei peli

1 pomodoro tagliato a cubetti

1 avocado tagliato a cubetti

1 peperoncino verde privato dei semi e tagliato a cubetti

1 cucchiaio di coriandolo tritato

Indirizzi:

Preparare un bagnomaria e mettervi il sottovuoto. Impostalo su 148F.

Metti il succo di limone, la cipolla rossa, il sale marino, il pepe bianco, l'olio d'oliva e i gamberetti in un sacchetto sottovuoto. Rilasciare l'aria con il metodo dello spostamento dell'acqua, sigillare e immergere la busta nel bagnomaria. Cuocere per 24 minuti.

Una volta fermato il timer, rimuovere la busta e trasferirla in un bagno di acqua ghiacciata per 10 minuti. In una ciotola, unisci pomodoro, avocado, peperoncino verde e coriandolo. Versare sopra il contenuto del sacchetto.

Dentice al burro con salsa allo zafferano e agli agrumi

Preparazione + cottura: 55 minuti | Porzioni: 4

ingredienti

4 pezzi di dentice pulito

2 cucchiai di burro

Sale e pepe nero a piacere

<u>Per salsa agli agrumi</u>

1 limone

1 pompelmo

1 lime

3 arance

1 cucchiaino di senape di Digione

2 cucchiai di olio di canola

1 cipolla gialla

1 zucchina tagliata a cubetti

1 cucchiaino di fili di zafferano

1 cucchiaino di peperoncino tritato

1 cucchiaio di zucchero

3 tazze di brodo di pesce

3 cucchiai di coriandolo tritato

Indirizzi

Preparare un bagnomaria e mettervi il sottovuoto. Impostare a 132 F. Condire i filetti di dentice con sale e pepe e metterli in un sacchetto sottovuoto. Rilasciare l'aria con il metodo dello spostamento dell'acqua, sigillare e immergere la busta nel bagnomaria. Cuocere per 30 minuti.

Sbucciare i frutti e tagliarli a cubetti. Scaldare l'olio in una padella a fuoco medio e aggiungere la cipolla e le zucchine. Soffriggere per 2-3 minuti. Aggiungere la frutta, lo zafferano, il pepe, la senape e lo zucchero. Cuocere per 1 altro minuto. Unire il brodo di pesce e cuocere a fuoco lento per 10 minuti. Guarnire con coriandolo e mettere da parte. Una volta fermato il timer, togliere il pesce e trasferirlo su un piatto. Glassare con salsa di agrumi e zafferano e servire.

Filetto di merluzzo in crosta di sesamo

Preparazione + cottura: 45 minuti | Porzioni: 2

ingredienti

1 grande filetto di merluzzo
2 cucchiai di pasta di sesamo
1 cucchiaio e mezzo di zucchero di canna
2 cucchiai di salsa di pesce
2 cucchiai di burro
semi di sesamo

Indirizzi

Preparare un bagnomaria e mettervi il sottovuoto. Impostato su 131 F.

Bagnare il merluzzo con il composto di zucchero di canna, pasta di sesamo e salsa di pesce. Mettere in un sacchetto sigillabile sottovuoto. Rilasciare l'aria con il metodo dello spostamento dell'acqua, sigillare e immergere la busta nel bagnomaria. Cuocere per 30 minuti. Sciogliere il burro in una padella a fuoco medio.

Una volta fermato il timer, togliete il merluzzo e trasferitelo nella padella e rosolatelo per 1 minuto. Servire in una ciotola. Versare il fondo di cottura nella padella e cuocere fino a ridurlo. Aggiungere 1 cucchiaio di burro e mescolare. Ricoprire il merluzzo con la salsa e decorare con semi di sesamo. Servire con riso.

Salmone cremoso con salsa di spinaci e senape

Preparazione + cottura: 55 minuti | Porzioni: 2

Ehiingredienti

4 filetti di salmone senza pelle

1 mazzo grande di spinaci

½ tazza di senape di Digione

1 tazza di panna

1 tazza metà e metà panna

1 cucchiaio di succo di limone

Sale e pepe nero a piacere

Indirizzi

Preparare un bagnomaria e mettervi il sottovuoto. Impostare a 115 F. Mettere il salmone condito con sale in un sacchetto sottovuoto. Rilasciare l'aria con il metodo dello spostamento dell'acqua, sigillare e immergere la busta nel bagnomaria. Cuocere per 45 minuti.

Scaldare una pentola a fuoco medio e cuocere gli spinaci finché non appassiscono. Abbassate la fiamma e versate il succo di limone, il pepe e il sale. Continua a cucinare. Scaldare una casseruola a fuoco medio e unire metà e metà panna e la senape di Digione. Abbassare la fiamma e cuocere. Condire con sale e pepe. Una volta fermato il timer, togliete il salmone e trasferitelo su un piatto. Condire con salsa. Servire con spinaci.

Capesante con paprika e insalata fresca

Preparazione + cottura: 55 minuti | Porzioni: 4

ingredienti

Capesante da 1 libbra

1 cucchiaino di aglio in polvere

½ cucchiaino di cipolla in polvere

½ cucchiaino di paprika

¼ di cucchiaino di pepe di cayenna

Sale e pepe nero a piacere

<u>Insalata</u>

3 tazze di chicchi di mais

½ litro di pomodorini, tagliati a metà

1 peperone rosso tagliato a cubetti

2 cucchiai di prezzemolo fresco tritato

<u>Bendare</u>

1 cucchiaio di basilico fresco

1 limone squartato

Indirizzi

Preparare un bagnomaria e mettervi il sottovuoto. Impostalo su 122F.

Mettete le capesante in un sacchetto sottovuoto. Condire con sale e pepe. In una ciotola, unisci l'aglio in polvere, la paprika, la cipolla in polvere e il pepe di cayenna. Versare dentro. Rilasciare l'aria con il metodo dello spostamento dell'acqua, sigillare e immergere la busta nel bagnomaria. Cuocere per 30 minuti.

Nel frattempo, preriscaldare il forno a 400 F. Su una teglia da forno, posizionare i chicchi di mais e il peperoncino. Cospargere olio d'oliva e condire con sale e pepe. Cuocere per 5-10 minuti. Trasferire in una ciotola e condire con il prezzemolo. In una ciotola unire bene gli ingredienti del condimento e versarvi sopra i chicchi di mais.

Una volta fermato il timer, togliere il sacchetto e trasferirlo su una padella calda. Rosolare per 2 minuti su ciascun lato. Servire su un piatto da portata, le capesante e l'insalata. Decorare con basilico e spicchi di limone.

Capesante piccanti al mango

Preparazione + cottura: 50 minuti | Porzioni: 4

ingredienti

Capesante grandi da 1 libbra

1 cucchiaio di burro

Immersione

1 cucchiaio di succo di limone

2 cucchiai di olio d'oliva

Decorare

1 cucchiaio di scorza di lime

1 cucchiaio di scorza d'arancia

1 tazza di mango a dadini

1 peperoncino serrano, tagliato a fettine sottili

2 cucchiai di foglie di menta tritate

Indirizzi

Mettete le capesante in un sacchetto sottovuoto. Condire con sale e pepe. Lasciare raffreddare in frigorifero per una notte. Preparare un bagnomaria e mettervi il sottovuoto. Impostare su 122 F. Rilasciare l'aria utilizzando il metodo dello spostamento dell'acqua, sigillare e immergere la sacca nel bagnomaria. Cuocere per 15-35 minuti.

Scaldare una padella a fuoco medio. In una ciotola unire bene gli ingredienti della salsa. Una volta fermato il timer, togliete le capesante e trasferitele nella padella e rosolatele fino a doratura. Servire su un piatto. Cospargere la salsa e aggiungere gli ingredienti per guarnire.

Porri e gamberi con vinaigrette alla senape

Preparazione + tempo di cottura: 1 ora e 20 minuti | Porzioni: 4

Ehiingredienti

6 porri
5 cucchiai di olio d'oliva
Sale e pepe nero a piacere
1 scalogno tritato
1 cucchiaio di aceto di riso
1 cucchiaino di senape di Digione
Gamberetti di alloro cotti da 1/3 di libbra
Prezzemolo fresco tritato

Indirizzi

Preparare un bagnomaria e mettervi il sottovuoto. Impostalo su 183 F.

Tagliare la parte superiore dei porri e rimuovere la parte inferiore. Lavateli in acqua fredda e cospargeteli con 1 cucchiaio di olio d'oliva. Condire con sale e pepe. Mettere in un sacchetto sigillabile sottovuoto. Rilasciare l'aria con il metodo dello spostamento dell'acqua, sigillare e immergere la busta nel bagnomaria. Cuocere per 1 ora.

Nel frattempo, per la vinaigrette, in una ciotola unire lo scalogno, la senape di Digione, l'aceto e 1/4 di tazza di olio d'oliva. Condire con sale e pepe. Una volta fermato il timer, rimuovere la busta e trasferirla in un bagno di acqua ghiacciata. Lasciate raffreddare. Disporre i porri su 4 piatti e aggiustare di sale. Aggiungere i gamberi e condire con la vinaigrette. Guarnire con prezzemolo.

Zuppa di gamberi e cocco

Preparazione + cottura: 55 minuti | Porzioni: 6

ingredienti

8 gamberi crudi grandi, sgusciati e privati dei peli

1 cucchiaio di burro

Sale e pepe nero a piacere

<u>per la zuppa</u>

1 libbra di zucchine

4 cucchiai di succo di lime

2 cipolle gialle, tritate

1-2 peperoncini rossi piccoli, tritati finemente

1 gambo di citronella, solo la parte bianca, tritato

1 cucchiaino di pasta di gamberetti

1 cucchiaino di zucchero

1 tazza e ½ di latte di cocco

1 cucchiaino di pasta di tamarindo

1 tazza d'acqua

½ tazza di crema di cocco

1 cucchiaio di salsa di pesce

2 cucchiai di basilico fresco tritato

Indirizzi

Preparare un bagnomaria e mettervi il sottovuoto. Impostare su 142 F. Mettere i gamberi e il burro in un sacchetto sottovuoto. Condire con sale e pepe. Rilasciare l'aria con il metodo dello spostamento dell'acqua, sigillare e immergere la busta nel bagnomaria. Cuocere per 15-35 minuti.

Nel frattempo sbucciate le zucchine ed eliminate i semi. Tagliare a cubetti. In un robot da cucina, aggiungi la cipolla, la citronella, il peperoncino, la pasta di gamberetti, lo zucchero e 1/2 tazza di latte di cocco. Frullare fino a ottenere una purea.

Scaldare una casseruola a fuoco basso e unire il composto di cipolle, il restante latte di cocco, la pasta di tamarindo e l'acqua. Aggiungete le zucchine e fate cuocere per 10 minuti.

Una volta fermato il timer, togliete i gamberetti e trasferiteli nella zuppa. Sbattere insieme la crema di cocco, il succo di lime e il basilico. Servire in zuppiere.

Salmone al miele con noodles di Soba

Preparazione + cottura: 40 minuti | Porzioni: 4

ingredienti

<u>Salmone</u>

6 once di filetti di salmone, con la pelle

Sale e pepe nero a piacere

1 cucchiaino di olio di sesamo

1 tazza di olio d'oliva

1 cucchiaio di zenzero fresco grattugiato

2 cucchiai di miele

<u>soba al sesamo</u>

Tagliatelle di soba essiccate da 4 once

1 cucchiaio di olio di vinaccioli

2 spicchi d'aglio, tritati

½ testa di cavolfiore

3 cucchiai di tahina

1 cucchiaino di olio di sesamo

2 cucchiaini di olio d'oliva

¼ di lime spremuto

1 cipolla a stelo verde, affettata

¼ tazza di coriandolo, tritato

1 cucchiaino di semi di papavero tostati

Fette di lime per decorare

Semi di sesamo per decorare

2 cucchiai di coriandolo tritato

Indirizzi

Preparare un bagnomaria e mettervi il sottovuoto. Impostare su 123 F. Condire il salmone con sale e pepe. In una ciotola, unisci olio di sesamo, olio d'oliva, zenzero e miele. Metti il salmone e il composto in un sacchetto sottovuoto. Agitare bene. Rilasciare l'aria con il metodo dello spostamento dell'acqua, sigillare e immergere la busta nel bagnomaria. Cuocere per 20 minuti.

Nel frattempo preparate i noodles di soba. Scaldare l'olio di vinaccioli in una padella a fuoco alto e far rosolare il cavolfiore e l'aglio per 6-8 minuti. In una ciotola, unire accuratamente il tahini, l'olio d'oliva, l'olio di sesamo, il succo di lime, il coriandolo, gli scalogni e i semi di sesamo tostati. Scolate le tagliatelle e unitele al cavolfiore.

Scaldare una padella a fuoco alto. Coprire con un foglio di carta da forno. Una volta fermato il timer, togliete il salmone e trasferitelo nella padella. Marrone per 1 minuto. Servire le tagliatelle in due ciotole e aggiungere il salmone. Guarnire con spicchi di lime, semi di papavero e coriandolo.

Aragosta gourmet con maionese

Preparazione + cottura: 40 minuti | Porzioni: 2

ingredienti

2 code di aragosta
1 cucchiaio di burro
2 cipolle dolci, tritate
3 cucchiai di maionese
Sale a piacere
Un pizzico di pepe nero
2 cucchiaini di succo di limone

Indirizzi

Preparare un bagnomaria e mettervi il sottovuoto. Impostalo su 138F.

Scaldare l'acqua in una pentola a fuoco alto finché non bolle. Aprite i gusci delle code di aragosta e immergeteli nell'acqua. Cuocere per 90 secondi. Trasferire in un bagno di acqua ghiacciata. Lasciare raffreddare per 5 minuti. Rompi i gusci e rimuovi le code.

Metti le code imburrate in un sacchetto sottovuoto. Rilasciare l'aria con il metodo dello spostamento dell'acqua, sigillare e immergere la busta nel bagnomaria. Cuocere per 25 minuti.

Una volta fermato il timer, rimuovere le code e asciugarle. Mi siedo di lato. Lasciare raffreddare per 30 minuti. In una ciotola, unisci la maionese, le cipolle dolci, il pepe e il succo di limone. Tritare le code, aggiungerle al composto di maionese e mescolare bene. Servire con pane tostato.

Cocktail di gamberetti per feste

Preparazione + cottura: 40 minuti | Porzioni: 2

ingredienti

1 libbra di gamberi, sbucciati e privati dei peli
Sale e pepe nero a piacere
4 cucchiai di aneto fresco tritato
1 cucchiaio di burro
4 cucchiai di maionese
2 cucchiai di cipolle verdi tritate
2 cucchiaini di succo di limone appena spremuto
2 cucchiaini di passata di pomodoro
1 cucchiaio di salsa Tabasco
4 rotoli lunghi
8 foglie di lattuga
½ limone, a fette

Indirizzi

Preparare un bagnomaria e mettervi il sottovuoto. Impostare a 149 F. Per condire, unire accuratamente maionese, scalogno, succo di limone, passata di pomodoro e salsa Tabasco. Condire con sale e pepe.

Metti i gamberi e il condimento in un sacchetto sottovuoto. Aggiungi 1 cucchiaio di aneto e 1/2 cucchiaio di burro a ogni pacchetto. Rilasciare l'aria con il metodo dello spostamento dell'acqua, sigillare e immergere la busta nel bagnomaria. Cuocere per 15 minuti.

Preriscalda il forno a 400 F. e cuoci i panini per 15 minuti. Una volta fermato il timer, rimuovere il sacchetto e scolarlo. Mettete i gamberi in una ciotola con il condimento e mescolate bene. Servire sopra gli involtini di lattuga al limone.

Salmone alle erbe aromatiche al limone

Preparazione + cottura: 45 minuti | Porzioni: 2

ingredienti

2 filetti di salmone senza pelle
Sale e pepe nero a piacere
¾ tazza di olio extra vergine di oliva
1 scalogno, tagliato ad anelli sottili
1 cucchiaio di foglie di basilico, leggermente tritate
1 cucchiaino di pimento
3 once di verdure miste
1 limone

Indirizzi

Preparare un bagnomaria e mettervi il sottovuoto. Impostalo su 128F.

Mettere il salmone e condirlo con sale e pepe in un sacchetto sottovuoto. Aggiungere gli anelli di scalogno, l'olio d'oliva, il pimento e il basilico. Rilasciare l'aria con il metodo dello spostamento dell'acqua, sigillare e immergere la busta nel bagnomaria. Cuocere per 25 minuti.

Una volta fermato il timer, togliete il sacchetto e trasferite il salmone su un piatto. Mescolare il fondo di cottura con un po' di succo di limone e ricoprire i filetti di salmone. Assistere.

Code di aragosta gustose e burrose

Preparazione + tempo di cottura: 1 ora e 10 minuti | Porzioni: 2

ingredienti

8 cucchiai di burro

2 code di aragosta, senza guscio

2 rametti di dragoncello fresco

2 cucchiai di salvia

Sale a piacere

Fette di limone

Indirizzi

Preparare un bagnomaria e mettervi il sottovuoto. Impostalo su 134F.

Metti le code di aragosta, il burro, il sale, la salvia e il dragoncello in un sacchetto sottovuoto. Rilasciare l'aria con il metodo dello spostamento dell'acqua, sigillare e immergere la busta nel bagnomaria. Cuocere per 60 minuti.

Una volta fermato il timer, togliere il sacchetto e trasferire l'aragosta su un piatto. Cospargere il burro sopra. Decorare con fettine di limone.

Salmone tailandese con cavolfiore e pasta all'uovo

Preparazione + cottura: 55 minuti | Porzioni: 2

ingredienti

2 filetti di salmone con pelle

Sale e pepe nero a piacere

1 cucchiaio di olio d'oliva

4½ cucchiai di salsa di soia

2 cucchiai di zenzero fresco tritato

2 peperoncini tailandesi, affettati sottili

6 cucchiai di olio di sesamo

4 once di pasta all'uovo preparata

6 once di cimette di cavolfiore cotte

5 cucchiaini di semi di sesamo

Indirizzi

Preparare un bagnomaria e mettervi il sottovuoto. Impostare a 149 F. Preparare una teglia foderata con un foglio di alluminio e posizionare il salmone, condire con sale e pepe e coprire con un altro foglio di alluminio. Cuocere in forno per 30 minuti.

Rimuovere il salmone al forno in un sacchetto sottovuoto. Rilasciare l'aria con il metodo dello spostamento dell'acqua, sigillare e immergere la busta nel bagnomaria. Cuocere per 8 minuti.

In una ciotola, mescolare lo zenzero, i peperoncini, 4 cucchiai di salsa di soia e 4 cucchiai di olio di sesamo. Una volta fermato il timer, togli il sacchetto e trasferisci il salmone in una ciotola di noodles. Decorare con semi tostati e pelle di salmone. Cospargere con la salsa allo zenzero e peperoncino e servire.

Spigola Leggera All'Aneto

Preparazione + cottura: 35 minuti | Porzioni: 3

ingredienti

1 libbra di branzino cileno, senza pelle
1 cucchiaio di olio d'oliva
Sale e pepe nero a piacere
1 cucchiaio di aneto

Indirizzi

Preparare un bagnomaria e mettervi il sottovuoto. Impostare a 134 F. Condire la spigola con sale e pepe e metterla in un sacchetto sottovuoto. Aggiungere l'aneto e l'olio d'oliva. Rilasciare l'aria con il metodo dello spostamento dell'acqua, sigillare e immergere la busta nel bagnomaria. Cuocere per 30 minuti. Una volta fermato il timer, togliete il sacchetto e trasferite la spigola in un piatto.

Gamberetti saltati in padella con peperoncino dolce

Preparazione + cottura: 40 minuti | Porzioni: 6

ingredienti

1½ libbra di gamberetti

3 peperoncini rossi secchi

1 cucchiaio di zenzero grattugiato

6 spicchi d'aglio, schiacciati

2 cucchiai di vino champagne

1 cucchiaio di salsa di soia

2 cucchiaini di zucchero

½ cucchiaino di amido di mais

3 cipolle verdi, tritate

Indirizzi

Preparare un bagnomaria e mettervi il sottovuoto. Impostalo su 135F.

Unisci lo zenzero, gli spicchi d'aglio, il peperoncino, lo champagne, lo zucchero, la salsa di soia e l'amido di mais. Riponete i gamberi sgusciati insieme al composto in un sacchetto sottovuoto. Rilasciare l'aria con il metodo dello spostamento dell'acqua, sigillare e immergere nel bagnomaria. Cuocere per 30 minuti.

Metti le cipolle verdi in una padella a fuoco medio. Aggiungere l'olio e cuocere per 20 secondi. Una volta fermato il timer, togliete i gamberi cotti e trasferiteli in una ciotola. Decorare con cipolla. Servire con riso.

Gamberetti tailandesi fruttati

Preparazione + cottura: 25 minuti | Porzioni: 4

ingredienti

2 libbre di gamberetti, sbucciati e privati dei peli
4 pezzi di papaia sbucciata e grattugiata
2 scalogni, affettati
¾ tazza di pomodorini, tagliati a metà
2 cucchiai di basilico tritato
¼ di tazza di arachidi tostate in padella

Condimento tailandese

¼ tazza di succo di lime
6 cucchiai di zucchero
5 cucchiai di salsa di pesce
4 spicchi d'aglio
4 peperoncini rossi piccoli

Indirizzi

Preparare un bagnomaria e mettervi il sottovuoto. Impostare a 135 F. Mettere i gamberetti in un sacchetto sigillabile sottovuoto. Rilasciare l'aria con il metodo dello spostamento dell'acqua, sigillare e immergere la busta nel bagnomaria. Cuocere per 15 minuti. Unisci il succo di lime, la salsa di pesce e lo zucchero in una ciotola. Schiacciare l'aglio e i peperoncini. Aggiungere al composto del condimento.

Una volta fermato il timer, togliete i gamberi dal sacchetto e trasferiteli in una ciotola. Aggiungere la papaya, il basilico tailandese, lo scalogno, il pomodoro e le arachidi. Glassare con il condimento.

Piatto di gamberetti al limone in stile Dublino

Preparazione + tempo di cottura: 1 ora e 15 minuti | Porzioni: 4

ingredienti

4 cucchiai di burro

2 cucchiai di succo di lime

2 spicchi d'aglio fresco, tritati

1 cucchiaino di scorza di lime fresca

Sale e pepe nero a piacere

1 libbra di gamberetti jumbo, sbucciati e privati dei peli

½ tazza di pangrattato panko

1 cucchiaio di prezzemolo fresco tritato

Indirizzi

Preparare un bagnomaria e mettervi il sottovuoto. Impostalo su 135F.

Scaldare 3 cucchiai di burro in una padella a fuoco medio e aggiungere il succo di limone, sale, pepe, aglio e scorza. Lasciare raffreddare per 5 minuti. Metti i gamberi e il composto in un sacchetto sottovuoto. Rilasciare l'aria con il metodo dello spostamento dell'acqua, sigillare e immergere la busta nel bagnomaria. Cuocere per 30 minuti.

Nel frattempo, scaldare il burro in una padella a fuoco medio e tostare il pangrattato panko. Una volta fermato il timer, togliete i gamberi e trasferiteli in una pentola calda a fuoco vivace e fateli cuocere con il fondo di cottura. Versare il mestolo in 4 ciotole da zuppa e ricoprire con il pangrattato.

Capesante succose con salsa di peperoncino e aglio

Preparazione + cottura: 75 minuti | Porzioni: 2

ingredienti

2 cucchiai di curry giallo in polvere
1 cucchiaio di concentrato di pomodoro
½ tazza di crema di cocco
1 cucchiaino di salsa di peperoncino e aglio
1 cucchiaio di succo di limone
6 capesante
Riso integrale cotto, per servire
Coriandolo fresco tritato

Indirizzi

Preparare un bagnomaria e mettervi il sottovuoto. Impostalo su 134F.

Unisci la crema di cocco, il concentrato di pomodoro, il curry in polvere, il succo di lime e la salsa all'aglio e peperoncino. Riponete il composto con le capesante in un sacchetto sottovuoto. Rilasciare l'aria con il metodo dello spostamento dell'acqua, sigillare e immergere la busta nel bagnomaria. Cuocere per 60 minuti.

Una volta fermato il timer, togliere il sacchetto e trasferirlo su un piatto. Servire il riso integrale e guarnire con le capesante. Guarnire con coriandolo.

Gamberi al curry con noodles

Preparazione + cottura: 25 minuti | Porzioni: 2

ingredienti

1 libbra di gamberetti, con coda
8 once di vermicelli, cotti e scolati
1 cucchiaino di vino di riso
1 cucchiaino di curry in polvere
1 cucchiaio di salsa di soia
1 cipolla verde affettata
2 cucchiai di olio vegetale

Indirizzi

Preparare un bagnomaria e mettervi il sottovuoto. Impostare su 149 F. Mettere i gamberetti in un sacchetto sigillabile sottovuoto. Rilasciare l'aria con il metodo dello spostamento dell'acqua, sigillare e immergere la busta nel bagnomaria. Cuocere per 15 minuti.

Scaldare l'olio in una padella a fuoco medio e aggiungere il vino di riso, il curry e la salsa di soia. Mescolare bene e unire le tagliatelle. Una volta fermato il timer, togliete i gamberi e trasferiteli nel composto di pasta. Guarnire con cipolla verde.

Gustoso Baccalà Cremoso con Prezzemolo

Preparazione + cottura: 40 minuti | Porzioni: 6

ingredienti

<u>Per il merluzzo</u>

6 filetti di merluzzo

Sale a piacere

1 cucchiaio di olio d'oliva

3 rametti di prezzemolo fresco

<u>Per la salsa</u>

1 bicchiere di vino bianco

1 tazza metà e metà panna

1 cipolla bianca tritata finemente

2 cucchiai di aneto tritato

2 cucchiaini di pepe nero in grani

Indirizzi

Preparare un bagnomaria e mettervi il sottovuoto. Impostalo su 148F.

Riporre i filetti di merluzzo salati in sacchetti sottovuoto. Aggiungere l'olio d'oliva e il prezzemolo. Rilasciare l'aria con il metodo dello spostamento dell'acqua, sigillare e immergere la busta nel bagnomaria. Cuocere per 30 minuti.

Scaldare una casseruola a fuoco medio, aggiungere il vino, la cipolla, il pepe nero e cuocere fino a ridurre. Aggiungere metà e metà della panna finché non si sarà addensata. Una volta fermato il timer, disporre il pesce su un piatto e irrorarlo con la salsa.

Pentola di Rillettes francesi con salmone

Preparazione + cottura: 2 ore e 30 minuti | Porzioni: 2

ingredienti

Filetti di salmone da ½ libbra, senza pelle

1 cucchiaino di sale marino

6 cucchiai di burro

1 cipolla tritata

1 spicchio d'aglio, tritato

1 cucchiaio di succo di lime

Indirizzi

Preparare un bagnomaria e mettervi il sottovuoto. Impostare a 130 F. Mettere il salmone, il burro non salato, il sale marino, gli spicchi d'aglio, la cipolla e il succo di limone in un sacchetto sottovuoto. Rilasciare l'aria con il metodo dello spostamento dell'acqua, sigillare e immergere la busta nel bagnomaria. Cuocere per 20 minuti.

Una volta fermato il timer, togliete il salmone e trasferitelo in 8 ciotoline. Condire con il fondo di cottura. Lasciare raffreddare in frigorifero per 2 ore. Servire con fette di pane tostato.

Salvia Salvia con purè di patate e cocco

Preparazione + cottura: 1 ora e 30 minuti | Porzioni: 2

ingredienti

2 filetti di salmone con pelle

2 cucchiai di olio d'oliva

2 rametti di salvia

4 spicchi d'aglio

3 patate, sbucciate e tritate

¼ tazza di latte di cocco

1 mazzo di bietole arcobaleno

1 cucchiaio di zenzero grattugiato

1 cucchiaio di salsa di soia

Sale marino a piacere

Indirizzi

Preparare un bagnomaria e mettervi il sottovuoto. Impostare a 122 F. Mettere il salmone, la salvia, l'aglio e l'olio d'oliva in un sacchetto sottovuoto. Rilasciare l'aria con il metodo dello spostamento dell'acqua, sigillare e immergere la busta nel bagnomaria. Cuocere per 1 ora.

Scaldare il forno a 375 F. Spennellare le patate con olio e infornare per 45 minuti. Trasferisci le patate in un frullatore e aggiungi il latte di cocco. Condire con sale e pepe. Frullare per 3 minuti, fino a ottenere un composto omogeneo.

Scaldare l'olio d'oliva in una padella a fuoco medio e rosolare lo zenzero, la bietola e la salsa di soia.

Una volta fermato il timer, togliete il salmone e trasferitelo in una padella calda. Asciugare per 2 minuti. Trasferire su un piatto, aggiungere il purè di patate e guarnire con il carbone per servire.

Ciotola di polipetti all'aneto

Preparazione + cottura: 60 minuti | Porzioni: 4

ingredienti

Polipetti da 1 libbra
1 cucchiaio di olio d'oliva
1 cucchiaio di succo di limone appena spremuto
Sale e pepe nero a piacere
1 cucchiaio di aneto

Indirizzi

Preparare un bagnomaria e mettervi il sottovuoto. Impostare a 134 F. Posizionare il polpo in un sacchetto sigillabile sottovuoto. Rilasciare l'aria con il metodo dello spostamento dell'acqua, sigillare e immergere la busta nel bagnomaria. Cuocere per 50 minuti. Una volta fermato il timer, togliere il polpo e asciugarlo. Mantecare il polpo con un filo d'olio e il succo di limone. Condire con sale, pepe e aneto.

Salmone Salato In Salsa Olandese

Preparazione + cottura: 1 ora e 50 minuti | Porzioni: 4

Ehiingredienti

4 filetti di salmone

Sale a piacere

<u>Salsa olandese</u>

4 cucchiai di burro

1 tuorlo d'uovo

1 cucchiaino di succo di limone

1 cucchiaino di acqua

½ scalogno tagliato a cubetti

Un pizzico di paprika

Indirizzi

Condire il salmone con sale. Lasciare raffreddare per 30 minuti. Preparare un bagnomaria e mettervi il sottovuoto. Impostare su 148 F. Mettere tutti gli ingredienti della salsa in un sacchetto sigillabile sottovuoto. Rilasciare l'aria con il metodo dello spostamento dell'acqua, sigillare e immergere la busta nel bagnomaria. Cuocere per 45 minuti.

Una volta fermato il timer, rimuovere il sacchetto. Accantonare. Abbassare la temperatura del Sous Vide a 120 F e posizionare il salmone in un sacchetto sottovuoto. Rilasciare l'aria con il metodo dello spostamento dell'acqua, sigillare e immergere la busta nel bagnomaria. Cuocere per 30 minuti. Trasferire la salsa in un frullatore e frullare fino a ottenere un colore giallo chiaro. Una volta fermato il timer, togliere il salmone e asciugarlo. Servire coperto con la salsa.

www.ingramcontent.com/pod-product-compliance
Lightning Source LLC
Chambersburg PA
CBHW071858110526
44591CB00011B/1459